Innovación Educativa:

La Inteligencia Artificial como Motor de Cambio

Derechos de Autor@2024
Wanda Valentín

ISBN: 9798343427325

Página De conformidad con la Ley de Derecho de Autor de EE. UU. de 1976, la exploración, la carga y el intercambio electrónico de cualquier parte de este libro sin el permiso de la editorial constituyen la piratería ilegal y el robo de la propiedad intelectual de su autor. Gracias por su apoyo a los derechos de autor.

INDICE

INTRODUCCIÓN …………………………. 5-7

DEDICATORIA ……………………………. 8

AGRADECIMIENTO …………………….. 9-10

CAPÍTULO 1: INTRODUCCIÓN A LA INTELIGENCIA ARTIFICIAL EN LA EDUCACIÓN …………… 11-34

CAPÍTULO 2: PERSONALIZACIÓN DEL APRENDIZAJE ……………………………. 35-106

CAPÍTULO 3: TUTORIZACIÓN VIRTUAL Y ASISTENTES DE APRENDIZAJE ……………. 107-142

CAPÍTULO 4: ANÁLISIS DE DATOS EDUCATIVOS …………………………………………. 143-162

CAPÍTULO 5: AUTOMATIZACIÓN DE TAREAS ADMINISTRATIVAS 163-178

CAPÍTULO 6: CREACIÓN DE CONTENIDO EDUCATIVO CON IA 179-198

CAPÍTULO 7: REALIDAD AUMENTADA Y VIRTUAL EN LA EDUCACIÓN 199-214

CAPÍTULO 8: DESAFÍOS Y FUTURO DE LA IA EN LA EDUCACIÓN 215-245

CARTA A LOS EDUCADORES 246-250

ABREVIATURA 251-254

GLOSARIO 255-266

INTRODUCCIÓN

En un mundo en constante evolución, donde la tecnología avanza a pasos agigantados, la educación se enfrenta a un desafío sin precedentes: ¿Cómo adaptarse a los cambios y preparar a las nuevas generaciones para un futuro incierto? **"Innovación Educativa: La Inteligencia Artificial como Motor de Cambio"** se presenta como una reflexión profunda y un análisis crítico sobre el papel de la inteligencia artificial **(IA)** en la transformación del paisaje educativo contemporáneo.

La educación, tradicionalmente considerada un proceso estático, se encuentra en la encrucijada de una revolución digital. La IA, un campo que ha capturado la imaginación de científicos, educadores y líderes del pensamiento, se erige como una herramienta poderosa que puede redefinir la manera en que enseñamos y aprendemos. Sin embargo, este cambio no es solo tecnológico; es también cultural y social. El uso de la inteligencia artificial en educación plantea preguntas esenciales sobre la equidad, la ética y el futuro del aprendizaje humano.

A lo largo de este libro, exploraremos cómo la IA puede servir como un motor de cambio, facilitando personalizaciones en el aprendizaje que responden a las necesidades específicas de cada estudiante. Desde sistemas de tutoría inteligente que se adaptan a los estilos de aprendizaje, hasta plataformas que analizan el progreso de los alumnos en tiempo real, la tecnología se presenta como un aliado en la búsqueda de una educación más inclusiva y efectiva. Pero ¿qué significa esto en un contexto donde la desigualdad educativa sigue siendo una realidad palpable? ¿Cómo podemos garantizar que la IA no se convierta en un nuevo agente de exclusión?

Asimismo, abordaremos los retos que surgen con la incorporación de la IA en la educación, desde la capacitación de los educadores hasta la necesidad de un marco ético que guíe su uso. La implementación de estas tecnologías no es un fin en sí mismo, sino un medio para lograr un aprendizaje significativo y duradero. A medida que avanzamos en esta exploración, será crucial considerar cómo los educadores pueden convertirse en agentes de cambio, utilizando la IA para empoderar a sus estudiantes y fomentar un entorno de aprendizaje dinámico y colaborativo. La IA no solo complementa al docente, sino que también enriquece la experiencia de aprendizaje del estudiante.

Finalmente, **"Innovación Educativa: La Inteligencia Artificial como Motor de Cambio"** no es solo un llamado a la acción, sino una invitación a la reflexión. La educación del mañana debe ser un espacio donde la tecnología y la humanidad se entrelacen, creando un entorno donde cada individuo pueda alcanzar su máximo potencial. La inteligencia artificial tiene el poder de ser ese motor de cambio, pero su éxito dependerá de la voluntad colectiva de imaginar y construir un futuro educativo que sea inclusivo, ético y verdaderamente transformador.

A lo largo de estas páginas, esperamos inspirar a educadores, líderes, estudiantes y a toda la comunidad educativa a abrazar la innovación con valentía y visión, para forjar un camino hacia un aprendizaje que no solo sea eficaz, sino también significativo y humano.

DEDICATORIA

A todos los educadores, cuyo compromiso y pasión iluminan el camino del conocimiento y la transformación. Su dedicación incansable y su capacidad para inspirar son el corazón de cada avance educativo.

A los alumnos, quienes son la razón de ser de nuestra labor, y que con su curiosidad y deseo de aprender nos motivan a innovar y a buscar nuevas formas de enseñar. Ustedes son el futuro, y cada paso que damos es para empoderarlos a alcanzar sus sueños.

A los padres, que son los primeros maestros y pilares fundamentales en el desarrollo de sus hijos. Su apoyo y confianza son esenciales en la búsqueda de una educación que fomente la creatividad, la crítica y la empatía.

Este libro está dedicado a ustedes, que juntos formamos una comunidad comprometida con la construcción de un futuro educativo más brillante y accesible para todos.

AGRADECIMIENTOS

Quisiera comenzar expresando mi más sincero agradecimiento a Dios, por ser la luz que guía mi camino y por darme la fortaleza y la inspiración para emprender este proyecto. Sin Su apoyo divino, nada de esto habría sido posible.

Agradezco profundamente a todos mis maestros, quienes han sido faros de conocimiento a lo largo de mi vida. Su dedicación, sabiduría y pasión por la enseñanza han dejado una huella imborrable en mi corazón. Cada lección impartida y cada consejo compartido han contribuido a forjar la persona que soy hoy. Gracias por creer en mí y por abrirme las puertas del aprendizaje.

Además, agradezco a mis colegas, amigos y familiares, quienes han estado a mi lado en este viaje. Su aliento y apoyo incondicional han sido fundamentales en cada paso que he dado. Este libro es fruto de la colaboración y el amor por la educación que compartimos.

A todos aquellos que, de una u otra forma, han influido en mi vida y en mi pensamiento, les agradezco sinceramente. Espero que estas páginas reflejen el valor de la enseñanza y el poder transformador del conocimiento que ustedes me han transmitido.

Con cariño,

Wanda Valentín

CAPÍTULO 1: INTRODUCCIÓN A LA INTELIGENCIA ARTIFICIAL EN LA EDUCACIÓN

Definición de inteligencia artificial.

Breve historia de la IA y su evolución en el ámbito educativo.

Importancia de la IA en el contexto actual de la educación.

Tres principios básicos que todo educador deberá conocer sobre la IA

INTRODUCCIÓN A LA INTELIGENCIA ARTIFICIAL EN LA EDUCACIÓN

En un rincón del vasto universo educativo, donde el conocimiento se transmite de generación en generación, surge una fuerza transformadora que promete revolucionar la forma en que aprendemos: **la Inteligencia Artificial (IA).** Este fenómeno, que alguna vez perteneció al reino de la ciencia ficción, se ha convertido en una realidad palpable, marcando un antes y un después en el salón de clases de todo el mundo.

Imaginemos un salón de clases tradicional: pupitres alineados, un maestro frente a una pizarra blanca, y estudiantes atentos o distraídos, dependiendo de su interés en la materia. Sin embargo, en este escenario se vislumbra una nueva era, donde la IA no solo complementa la enseñanza, sino que redefine las dinámicas de aprendizaje. Desde la personalización de la educación hasta la automatización de tareas administrativas, la IA se presenta como una aliada poderosa para educadores y alumnos por igual.

La historia de la IA en la educación comienza en la década de 1960, cuando los primeros programas de tutoría asistida por computadora ofrecieron a los estudiantes la oportunidad de aprender a su propio ritmo. Sin embargo, fue a partir de los años 2000, con el avance en el procesamiento de datos y la capacidad de almacenamiento, que la IA comenzó a desplegar su potencial en el ámbito educativo. Las plataformas de aprendizaje en línea, impulsadas por algoritmos inteligentes, empezaron a ofrecer cursos más accesibles, y los asistentes virtuales comenzaron a aparecer como herramientas útiles en el proceso de enseñanza.

Uno de los aspectos más interesantes de la IA en la educación es su capacidad para personalizar la experiencia de aprendizaje. Cada estudiante es único, con diferentes estilos de aprendizaje, intereses y ritmos. La IA, mediante el análisis de datos, puede identificar patrones en el comportamiento y rendimiento de los alumnos, permitiendo a los educadores adaptar los contenidos y metodologías a las necesidades individuales. Por ejemplo, si un estudiante lucha con conceptos de matemáticas, un sistema de IA puede ofrecerle ejercicios adicionales y explicaciones personalizadas, guiándolo a través de un camino de aprendizaje que se ajusta a su nivel.

Además, la IA también facilita la creación de entornos de aprendizaje más inclusivos. Los estudiantes con discapacidades pueden beneficiarse de herramientas que utilizan el procesamiento del lenguaje natural para traducir texto a voz o viceversa, lo que les permite acceder a los mismos recursos que sus compañeros. Asimismo, los sistemas de IA pueden reconocer patrones de comportamiento que pueden indicar dificultades emocionales o de atención, alertando a los educadores para que ofrezcan apoyo adicional.

Sin embargo, a pesar de las ventajas indiscutibles que la IA trae a la educación, también plantea desafíos significativos. La dependencia de la tecnología puede llevar a una desconexión entre los estudiantes y los educadores, así como a una disminución en las habilidades interpersonales. Además, la privacidad de los datos es una preocupación constante; la información recopilada por plataformas educativas debe ser manejada con el máximo cuidado para proteger la intimidad de los estudiantes.

El debate sobre el papel de la IA en la educación también se centra en la preparación de los docentes para integrar estas herramientas en sus prácticas. Los educadores deben recibir formación adecuada para comprender cómo funciona la IA y cómo puede ser utilizada de manera efectiva en sus clases. La tecnología, por sí sola, no es una solución mágica; es una herramienta que, si se utiliza correctamente, puede enriquecer y enriquecer la experiencia de aprendizaje.

A medida que avanzamos hacia un futuro cada vez más digital, es crucial que tanto educadores como estudiantes se mantengan informados sobre las tendencias emergentes en IA. Cursos de formación continua, talleres y conferencias pueden proporcionar a los docentes las herramientas necesarias para navegar en este nuevo paisaje educativo. Además, los estudiantes deben ser educados sobre el uso responsable de la tecnología y la IA, para que puedan aprovechar al máximo estas herramientas sin caer en la trampa de la desinformación o el abuso.

En conclusión, la introducción de la Inteligencia Artificial en la educación está remodelando nuestra comprensión de cómo se enseña y se aprende. Este viaje, que apenas comienza, está lleno de promesas y desafíos. Si se aborda con cuidado y responsabilidad, la IA tiene el potencial de hacer que la educación sea más accesible, inclusiva y efectiva, preparando a las futuras generaciones para un mundo en constante cambio. La clave estará en encontrar un equilibrio entre la tecnología y la enseñanza humana, asegurando que, mientras avanzamos hacia el futuro, nunca perdamos de vista el valor fundamental de la conexión humana en el proceso educativo.

DEFINICIÓN DE INTELIGENCIA ARTIFICIAL

En el vasto y fascinante mundo de la tecnología, una de las ideas más intrigantes que ha capturado la imaginación de científicos, ingenieros y el público en general es la de la Inteligencia Artificial (IA). Para muchos, la IA evoca imágenes de robots humanoides y sistemas capaces de razonar como seres humanos. Sin embargo, la realidad es mucho más rica y compleja. La definición de inteligencia artificial abarca un espectro de tecnologías y enfoques que buscan emular la capacidad humana de pensar, aprender y adaptarse.

La historia de la IA se remonta a mediados del siglo XX, cuando pioneros como Alan Turing y John McCarthy empezaron a explorar la posibilidad de crear máquinas que pudieran realizar tareas que, hasta ese momento, eran consideradas exclusivas del intelecto humano. Turing, en particular, formuló la famosa prueba que lleva su nombre, destinada a evaluar si una máquina puede exhibir un comportamiento inteligente indistinguible del de un ser humano. Desde entonces, el concepto de inteligencia artificial ha evolucionado, adaptándose a los avances tecnológicos y a las necesidades de la sociedad.

En términos generales, la inteligencia artificial se puede definir como la capacidad de una máquina para realizar tareas que normalmente requieren inteligencia humana. Estas tareas incluyen el razonamiento, la comprensión del lenguaje, la percepción visual, la toma de decisiones y el aprendizaje. La IA no se limita a una única técnica o enfoque; en cambio, abarca una variedad de métodos, incluyendo algoritmos de aprendizaje automático, redes neuronales artificiales y procesamiento del lenguaje natural.

Una de las áreas más fascinantes de la IA es el aprendizaje automático, que se centra en la capacidad de las máquinas para aprender de los datos. En lugar de ser programadas explícitamente para realizar una tarea, las máquinas utilizan algoritmos que les permiten identificar patrones en grandes volúmenes de información. Por ejemplo, un algoritmo de aprendizaje automático puede ser entrenado con miles de imágenes de pájaros y perros, y, tras este proceso, será capaz de clasificar nuevas imágenes en estas dos categorías, aprendiendo y mejorando con el tiempo. Este enfoque ha revolucionado numerosos campos, desde la visión por computadora hasta la traducción automática.

Las redes neuronales, inspiradas en el funcionamiento del cerebro humano, son otra piedra angular de la inteligencia artificial. Estas estructuras están compuestas por nodos interconectados que procesan información y pueden aprender a realizar tareas específicas. Las redes neuronales profundas, que poseen múltiples capas de nodos, han demostrado ser particularmente efectivas en tareas complejas como el reconocimiento de voz y la generación de texto. Este tipo de IA ha llevado a la creación de asistentes virtuales como Siri y Alexa, que son capaces de entender y responder a preguntas en lenguaje natural.

El procesamiento del lenguaje natural (PLN) es otra faceta esencial de la inteligencia artificial. Este campo se ocupa de la interacción entre las computadoras y el lenguaje humano, permitiendo que las máquinas comprendan, interpreten y generen texto de manera coherente. Gracias a los avances en PLN, hoy en día podemos disfrutar de traductores automáticos, chatbots que responden a consultas de servicio al cliente y herramientas que analizan el sentimiento en redes sociales.

Sin embargo, la definición de inteligencia artificial no está exenta de controversias y dilemas éticos. A medida que la IA se integra en diversos aspectos de nuestra vida diaria, surgen preguntas sobre la responsabilidad y el control. Por ejemplo, ¿quién es responsable si un vehículo autónomo causa un accidente? ¿Hasta qué punto los algoritmos pueden ser imparciales y justos, especialmente cuando se utilizan en decisiones críticas como la contratación de personal o la concesión de préstamos? Estas cuestiones subrayan la importancia de desarrollar marcos éticos y regulaciones que guíen el uso de la IA en la sociedad.

El futuro de la inteligencia artificial es igualmente prometedor y desafiante. A medida que la tecnología continúa avanzando, es probable que veamos aplicaciones aún más sofisticadas en campos como la medicina, la educación y la energía. Imaginemos un mundo donde la IA no solo diagnostique enfermedades con mayor precisión que los médicos, sino que también ofrezca tratamientos personalizados basados en la genética de cada paciente. O un sistema educativo que adapte el currículo a las necesidades individuales de cada estudiante, facilitando un aprendizaje más efectivo y significativo.

Sin embargo, este futuro también plantea preocupaciones sobre la automatización y el impacto en el empleo. Con la capacidad de la IA para realizar tareas que antes requerían habilidades humanas, es fundamental que la sociedad se prepare para un cambio en el mercado laboral. La educación y la formación continua serán cruciales para garantizar que las personas puedan adaptarse a un entorno laboral en constante evolución.

En conclusión, la inteligencia artificial es un campo multidimensional que desafía nuestras ideas sobre lo que significa ser inteligente. Desde sus inicios hasta su integración en nuestra vida cotidiana, la IA ha recorrido un largo camino, transformando industrias y redefiniendo el futuro.

HISTORIA DE LA IA Y SU EVOLUCIÓN EN EL ÁMBITO EDUCATIVO

En el horizonte de la tecnología educativa, se vislumbra una herramienta que ha ido ganando terreno y relevancia: la Inteligencia Artificial (IA). Este fenómeno no es nuevo; su historia es rica y está llena de innovaciones que han transformado no solo la forma en que aprendemos, sino también cómo enseñamos. Para entender la evolución de la IA en el ámbito educativo, es esencial retroceder en el tiempo y explorar sus raíces, los hitos que marcaron su desarrollo y el impacto que ha tenido en la enseñanza moderna.

La historia de la IA comienza en la década de 1950, un período marcado por la curiosidad y el deseo de entender cómo podría replicarse la inteligencia humana en máquinas. Alan Turing, un matemático y pionero en computación, propuso la famosa "Prueba de Turing" en 1950, que evaluaba si una máquina podía exhibir un comportamiento indistinguible del de un ser humano. Este concepto sentó las bases para la investigación futura en IA. Poco después, en 1956, se celebró la conferencia de Dartmouth, donde el término "Inteligencia Artificial" fue acuñado. Este evento reunió a un grupo de investigadores visionarios que compartían la ambición de construir máquinas que pudieran pensar.

Durante las décadas siguientes, la IA experimentó altibajos. En los años 60 y 70, se desarrollaron los primeros programas de tutoría, como el "PLATO" y "SHRDLU", que buscaban ofrecer a los estudiantes una experiencia de aprendizaje personalizada. Sin embargo, estos sistemas eran limitados y, a menudo, dependían de reglas estrictas y de una programación exhaustiva. La tecnología de la época no contaba con la potencia ni la capacidad de procesamiento necesarias para llevar a cabo tareas más complejas, lo que llevó a un período de desilusión conocido como "el invierno de la IA".

A pesar de estos desafíos, la investigación continuó. En la década de 1980, la IA volvió a ganar impulso gracias al desarrollo de sistemas expertos, que eran programas diseñados para resolver problemas específicos utilizando un vasto conocimiento de dominio. Aunque estos sistemas no eran realmente "inteligentes" en el sentido humano, ofrecían una forma de apoyo en áreas como la medicina y la ingeniería, y comenzaron a vislumbrarse posibilidades en el ámbito educativo.

Con el avance de la tecnología en las décadas de 1990 y 2000, especialmente con la llegada de internet y el crecimiento exponencial del acceso a la información, la IA empezó a integrarse de manera más efectiva en el ámbito educativo. Las plataformas de aprendizaje en línea comenzaron a utilizar algoritmos que permitían a los estudiantes aprender a su propio ritmo, ofreciendo recursos y actividades adaptados a sus necesidades individuales. Los sistemas de gestión del aprendizaje (LMS) emergieron como herramientas clave, facilitando el seguimiento del progreso de los estudiantes y la personalización del contenido.

El verdadero punto de inflexión en la evolución de la IA en la educación llegó con el desarrollo del aprendizaje automático y las redes neuronales en la última década. Estas tecnologías permiten a las máquinas aprender de grandes volúmenes de datos y reconocer patrones, lo que ha llevado a una personalización aún más avanzada del aprendizaje. Plataformas como Khan Academy y Coursera comenzaron a implementar algoritmos de IA que adaptaban los cursos a las habilidades y preferencias de cada usuario. Esta capacidad de personalización es uno de los aspectos más revolucionarios de la IA en la educación, ya que permite que cada estudiante siga un camino de aprendizaje único, optimizando su experiencia educativa.

El auge de los asistentes virtuales como Siri, Alexa y Google Assistant también ha tenido un impacto significativo en la educación. Estos sistemas no solo facilitan el acceso a la información, sino que también actúan como tutores y guías, ayudando a los estudiantes a encontrar respuestas a sus preguntas y a gestionar su tiempo de estudio. En el salón de clases, la IA se utiliza para crear entornos de aprendizaje más interactivos y dinámicos. Por ejemplo, herramientas de realidad aumentada y virtual impulsadas por IA permiten a los estudiantes explorar conceptos complejos de manera visual y práctica, haciendo que el aprendizaje sea más emocionante y accesible.

Sin embargo, la integración de la IA en la educación no está exenta de desafíos. La preocupación por la privacidad de los datos y el uso ético de la información recopilada es fundamental. Las instituciones educativas deben asegurarse de que los sistemas de IA sean transparentes y justos, evitando sesgos que puedan afectar la experiencia de aprendizaje de los estudiantes. Además, la capacitación de los docentes es crucial para garantizar que sepan utilizar estas herramientas de manera efectiva y ética.

Hoy en día, la IA se ha convertido en una parte integral del ecosistema educativo. Desde sistemas de tutoría personalizados hasta análisis predictivos que ayudan a identificar a los estudiantes en riesgo de abandono, las aplicaciones de la IA son vastas y variadas.

La Importancia de la IA en el Contexto Actual de la Educación

En un mundo en constante evolución, donde la tecnología avanza a pasos agigantados, la educación no se queda atrás. La inteligencia artificial (IA) se ha convertido en un elemento crucial en este proceso de transformación educativa, ofreciendo oportunidades sin precedentes para mejorar la enseñanza y el aprendizaje. A medida que nos adentramos en la era digital, es fundamental comprender la importancia de la IA en el contexto actual de la educación y cómo esta puede redefinir no solo la manera en que se enseña, sino también la experiencia de los estudiantes.

Un Nuevo Paradigma Educativo

La educación tradicional, basada en un enfoque unidireccional, donde el maestro imparte conocimiento y los estudiantes lo reciben pasivamente, está quedando obsoleta. La IA propone un nuevo paradigma: uno más interactivo, personalizado y adaptativo. Gracias a algoritmos avanzados, las plataformas educativas pueden analizar el rendimiento de los estudiantes en tiempo real, identificando sus fortalezas y debilidades. Esto permite a los educadores crear planes de estudio personalizados, adaptando el contenido a las necesidades específicas de cada alumno.

Imaginemos una clase de matemáticas en la que una aplicación de IA evalúa el progreso de cada estudiante. En lugar de seguir un ritmo general, la IA puede ofrecer ejercicios adicionales a aquellos que lo necesiten o avanzar más rápidamente para los que ya dominan los conceptos. Este enfoque no solo mejora la comprensión, sino que también aumenta la motivación y la autoconfianza de los estudiantes.

Accesibilidad y Equidad

Uno de los problemas más acuciantes en la educación es la desigualdad en el acceso a recursos de calidad. La IA tiene el potencial de democratizar la educación, brindando acceso a herramientas y materiales educativos a estudiantes de diferentes contextos socioeconómicos. Por ejemplo, plataformas de aprendizaje en línea impulsadas por IA pueden ofrecer cursos y recursos gratuitos, permitiendo que cualquier persona con acceso a internet pueda aprender a su propio ritmo.

Además, la IA puede ayudar a eliminar barreras lingüísticas a través de herramientas de traducción instantánea y programas de aprendizaje de idiomas que se adaptan al estilo de aprendizaje de cada estudiante. Esto es particularmente beneficioso en entornos multiculturales y multilingües, donde los estudiantes pueden tener diferentes niveles de competencia en el idioma de instrucción. La IA, al ofrecer contenido en el idioma nativo del estudiante, facilita su inclusión y participación activa en el proceso educativo.

Mejora de la Experiencia del Educador

La implementación de la IA no solo beneficia a los estudiantes, sino que también transforma el rol de los educadores. Con la automatización de tareas administrativas, como la calificación de exámenes y la gestión de registros, los docentes pueden dedicar más tiempo a la interacción directa con sus alumnos. Esto no solo mejora la calidad de la enseñanza, sino que también permite a los educadores centrarse en el desarrollo de habilidades socioemocionales y en la creación de un ambiente de aprendizaje positivo.

Asimismo, la IA puede ofrecer a los educadores análisis detallados sobre el rendimiento de sus estudiantes, ayudándoles a identificar tendencias y patrones que podrían pasar desapercibidos en un enfoque tradicional. Esta información valiosa permite a los docentes ajustar sus métodos de enseñanza y proporcionar apoyo adicional a aquellos que lo necesiten.

Preparación para el Futuro

En un mundo laboral cada vez más influenciado por la tecnología, es esencial que los estudiantes estén preparados para enfrentar los desafíos del futuro. La IA en la educación no solo enseña contenidos académicos, sino que también fomenta habilidades clave como el pensamiento crítico, la resolución de problemas y la creatividad. Las herramientas de aprendizaje basadas en IA pueden simular situaciones del mundo real, permitiendo a los estudiantes aplicar lo que han aprendido en contextos prácticos.

Además, la integración de la IA en la educación también ofrece a los estudiantes la oportunidad de familiarizarse con tecnologías emergentes, preparándolos para un mercado laboral que demanda competencias digitales. La educación no puede ser estática; debe evolucionar junto con las herramientas que los estudiantes utilizarán en su vida profesional.

Desafíos y Consideraciones Éticas

A pesar de sus numerosas ventajas, la incorporación de la IA en la educación también conlleva desafíos y consideraciones éticas que no pueden ser ignorados. La privacidad de los datos es una preocupación central, ya que las plataformas de aprendizaje recopilan información sobre el rendimiento y el comportamiento de los estudiantes. Es crucial que las instituciones educativas establezcan políticas claras sobre el uso y la protección de estos datos, garantizando la transparencia y el consentimiento informado.

Asimismo, la dependencia excesiva de la tecnología podría llevar a una deshumanización del proceso educativo. La interacción humana sigue siendo esencial en la educación, y aunque la IA puede ser una herramienta poderosa, no debe reemplazar la relación entre educadores y estudiantes. La clave radica en encontrar un equilibrio donde la IA complemente y potencie la enseñanza, sin sustituir la conexión personal que es fundamental en el aprendizaje.

La IA y el Aprendizaje a Distancia

La pandemia de COVID-19 aceleró la adopción de la educación a distancia, y la IA ha jugado un papel crucial en este contexto. Con la transición rápida a plataformas en línea, la inteligencia artificial ha facilitado la creación de entornos de aprendizaje virtuales más dinámicos e interactivos. Por ejemplo, los sistemas de tutoría inteligente utilizan IA para ofrecer apoyo individualizado a los estudiantes, independientemente de su ubicación geográfica. Esto ha permitido que miles de estudiantes continúen su educación sin interrupciones, demostrando la resiliencia y adaptabilidad de la IA en situaciones críticas.

Las herramientas de IA también han mejorado la interacción en tiempo real durante las clases virtuales, mediante chatbots y asistentes virtuales que pueden responder preguntas comunes de los estudiantes, permitiendo a los docentes concentrarse en discusiones más profundas y significativas. Este tipo de tecnología no solo mejora la experiencia del estudiante, sino que también reduce la carga de trabajo del educador, permitiéndole enfocarse en aspectos más complejos de la enseñanza.

Personalización y Aprendizaje Basado en Proyectos

El enfoque personalizado que ofrece la IA también se ve reflejado en metodologías innovadoras como el aprendizaje basado en proyectos (ABP). En este enfoque, los estudiantes trabajan en proyectos prácticos que requieren investigación, colaboración y aplicación de conocimientos. La IA puede ayudar a los educadores a diseñar proyectos que se alineen con los intereses y las capacidades de los estudiantes, garantizando que cada alumno esté comprometido y motivado.

Por ejemplo, una plataforma de aprendizaje impulsada por IA puede sugerir proyectos específicos basados en los intereses de un estudiante en historia, ciencia o tecnología. Esto no solo aumenta la relevancia del aprendizaje, sino que también fomenta una mayor participación y entusiasmo por parte de los estudiantes, quienes ven el valor práctico de lo que están aprendiendo.

Aprendizaje Continuo y Desarrollo Profesional

La IA también está transformando la manera en que los educadores se capacitan y desarrollan profesionalmente. Las plataformas de capacitación pueden utilizar la inteligencia artificial para ofrecer programas de formación adaptados a las necesidades y el progreso de cada docente. Esto significa que los maestros pueden acceder a recursos y estrategias específicas que les ayuden a mejorar su práctica educativa, lo que a su vez beneficia a sus estudiantes.

Además, la IA facilita el acceso a comunidades de aprendizaje profesional donde los educadores pueden colaborar, compartir experiencias y aprender unos de otros. Esto fomenta un entorno de desarrollo continuo que es esencial en un campo que evoluciona tan rápidamente.

Mirando Hacia el Futuro

A medida que avanzamos hacia un futuro cada vez más digital, la importancia de la IA en la educación solo seguirá creciendo. Las innovaciones en este campo prometen no solo mejorar la calidad de la enseñanza y el aprendizaje, sino también transformar la educación en un proceso más inclusivo y accesible. Sin embargo, es vital que todos los actores involucrados —educadores, administradores, padres y estudiantes— participen en la conversación sobre cómo implementar estas tecnologías de manera ética y efectiva.

El futuro de la educación no está solo en manos de la tecnología, sino en nuestra capacidad para utilizarla de manera consciente y responsable. La inteligencia artificial puede ser una herramienta poderosa para alcanzar un sistema educativo más equitativo y eficaz, pero su éxito dependerá de un enfoque colaborativo que priorice el bienestar y el desarrollo integral de cada estudiante.

La inteligencia artificial está redefiniendo el paisaje educativo, ofreciendo oportunidades sin precedentes para personalizar el aprendizaje, mejorar la accesibilidad y empoderar tanto a estudiantes como a educadores. A medida que navegamos por este emocionante pero complejo territorio, es fundamental que mantengamos un enfoque centrado en el ser humano, asegurándonos de que la tecnología sirva como un aliado en el camino hacia una educación más inclusiva y efectiva. La IA no es solo una tendencia pasajera, sino un componente esencial en la educación del siglo XXI, y su integración cuidadosa y reflexiva será clave para construir un futuro educativo más brillante y prometedor.

TRES PRINCIPIOS BÁSICOS QUE TODO EDUCADOR DEBERÍA CONOCER SOBRE LA INTELIGENCIA ARTIFICIAL

Comprensión de los Datos: La inteligencia artificial se basa en datos. Es fundamental que los educadores entiendan cómo se recolectan, procesan y utilizan los datos en los sistemas de IA. Los educadores deben saber que los sesgos en los datos pueden llevar a resultados sesgados, lo que puede afectar la equidad en la educación.

Transparencia y Aplicabilidad: Los modelos de IA pueden ser complejos y a menudo funcionan como "cajas negras". Los educadores deben buscar herramientas y recursos que sean transparentes en su funcionamiento, permitiendo entender cómo se toman decisiones. Esto es crucial para enseñar a los estudiantes sobre la ética y la responsabilidad en el uso de la IA.

Potencial y Limitaciones: Es importante que los educadores reconozcan tanto el potencial de la IA para personalizar el aprendizaje y mejorar la eficiencia educativa, como sus limitaciones. La IA no puede reemplazar la interacción humana ni la empatía que un educador aporta a la enseñanza. Los educadores deben ser críticos y evaluar cuándo y cómo integrar la IA en el salón de clases de manera efectiva.

Estos principios pueden ayudar a los educadores a abordar la inteligencia artificial de manera ética y efectiva en sus prácticas pedagógicas.

CAPÍTULO 2: PERSONALIZACIÓN DEL APRENDIZAJE

Cómo la IA puede adaptar los contenidos a las necesidades individuales de los estudiantes.

Ejemplos de plataformas que utilizan IA para personalizar el aprendizaje.

Beneficios y desafíos de la personalización.

PERSONALIZACIÓN DEL APRENDIZAJE: UN VIAJE HACIA LA EDUCACIÓN INDIVIDUALIZADA

En un mundo donde la información abunda y las necesidades educativas son diversas, la personalización del aprendizaje emerge como una respuesta a la ineficiencia de los métodos educativos tradicionales. Este enfoque busca adaptar el proceso de enseñanza para satisfacer las necesidades, intereses y ritmos de cada estudiante, creando un entorno educativo más inclusivo y efectivo. A medida que exploramos la personalización del aprendizaje, descubrimos no solo su importancia, sino también cómo puede transformar la educación en una experiencia verdaderamente significativa.

El Contexto Educativo Actual

La educación ha sido históricamente un sistema diseñado para un promedio. El salón de clases está lleno de estudiantes con diferentes habilidades, estilos de aprendizaje y motivaciones, pero la mayoría de los métodos de enseñanza siguen una estructura uniforme. Este enfoque, aunque práctico en su momento, ha llevado a un desinterés generalizado por parte de muchos estudiantes y ha dejado atrás a aquellos que no encajan en el molde tradicional.

La llegada de la tecnología ha abierto nuevas puertas para abordar este problema. Las herramientas digitales, combinadas con la inteligencia artificial y el análisis de datos, permiten una comprensión más profunda de cómo aprenden los estudiantes. Este avance tecnológico es el punto de partida para la personalización del aprendizaje, que se basa en la premisa de que cada estudiante es único y merece una experiencia educativa adaptada a sus necesidades específicas.

¿Qué es la Personalización del Aprendizaje?

La personalización del aprendizaje se refiere a un enfoque educativo que adapta la enseñanza a las características individuales de cada estudiante. Esto implica no solo modificar el contenido y el ritmo de aprendizaje, sino también tener en cuenta los intereses, las aspiraciones y los estilos de aprendizaje de cada alumno. La personalización puede llevarse a cabo de varias formas:

Currículo Adaptado: Permitir que los estudiantes elijan temas o proyectos que les interesen, incorporando sus pasiones en el aprendizaje.

Ritmos de Aprendizaje Flexibles: Ofrecer diferentes caminos y tiempos para que los estudiantes completen sus tareas, respetando su propio ritmo.

Evaluaciones Individualizadas: Utilizar métodos de evaluación que se alineen con las fortalezas de cada estudiante, en lugar de depender únicamente de exámenes estandarizados.

Apoyo Emocional y Social: Reconocer la importancia del bienestar emocional y social de los estudiantes, brindando apoyo adicional según sea necesario.

La Tecnología como Aliada

El avance tecnológico ha sido un catalizador clave en la personalización del aprendizaje. Plataformas de aprendizaje en línea, herramientas de analítica educativa y aplicaciones de inteligencia artificial están revolucionando la forma en que los educadores interactúan con sus estudiantes. Estas tecnologías permiten a los educadores recopilar y analizar datos sobre el rendimiento de los estudiantes, lo que les ayuda a identificar patrones y áreas de mejora.

Por ejemplo, las plataformas de aprendizaje adaptativo ajustan el contenido en función del progreso del estudiante. Si un estudiante lucha con un concepto en particular, la plataforma puede ofrecer ejercicios adicionales o explicaciones alternativas para ayudar a superar ese obstáculo. Este tipo de retroalimentación instantánea es invaluable, ya que permite a los estudiantes avanzar a su propio ritmo, sin la presión de tener que seguir el ritmo del grupo.

El Rol del Educador en la Personalización del Aprendizaje

La personalización del aprendizaje no significa que los educadores sean reemplazados por la tecnología; de hecho, su papel se vuelve más crítico. Los educadores deben actuar como guías y facilitadores en este nuevo entorno, ayudando a los estudiantes a navegar por su propio proceso de aprendizaje. Esto implica conocer a cada estudiante y entender sus necesidades individuales, lo que requiere un enfoque más cercano y personalizado.

Los educadores deben ser capaces de diseñar experiencias de aprendizaje que sean relevantes y atractivas. Esto puede incluir la creación de proyectos interdisciplinarios que conecten diferentes áreas del conocimiento o la facilitación de discusiones en grupo donde los estudiantes puedan compartir sus intereses y aprender unos de otros. La clave está en construir relaciones sólidas entre educadores y estudiantes, donde la confianza y el respeto mutuo sean fundamentales.

Beneficios de la Personalización del Aprendizaje

Los beneficios de la personalización del aprendizaje son numerosos y profundos. Al adaptar la educación a las necesidades individuales, los estudiantes tienden a estar más comprometidos y motivados. Cuando los alumnos sienten que sus intereses y habilidades son valorados, es más probable que se involucren activamente en su aprendizaje. Esto, a su vez, puede llevar a un mejor rendimiento académico y a una mayor retención de información.

Además, la personalización del aprendizaje fomenta la autonomía y el pensamiento crítico. Los estudiantes aprenden a tomar decisiones sobre su propio aprendizaje, lo que les ayuda a desarrollar habilidades que serán esenciales en su vida futura. La capacidad de establecer metas, reflexionar sobre su progreso y ajustar su enfoque según sea necesario son competencias clave en un mundo en constante cambio.

CÓMO LA IA PUEDE ADAPTAR LOS CONTENIDOS A LAS NECESIDADES INDIVIDUALES DE LOS ESTUDIANTES

En un futuro no muy lejano, el salón de clases tradicional que una vez conocimos se transformó en un espacio dinámico e interactivo, donde la inteligencia artificial (IA) desempeñaba un papel crucial en la educación. Las paredes de la escuela estaban adornadas con pantallas inteligentes y dispositivos conectados, y cada estudiante, al entrar, era recibido por un entorno que se adaptaba a sus necesidades específicas.

Imaginemos a Ana, una estudiante de secundaria con un talento innato para las matemáticas, pero que enfrenta dificultades en la lectura. Desde el primer día de clase, Ana fue sometida a una evaluación inicial que no solo medía su conocimiento, sino también su estilo de aprendizaje, sus intereses y sus desafíos. La IA, utilizando sofisticados algoritmos de aprendizaje automático, analizó los datos recopilados y creó un perfil de aprendizaje único para Ana.

Con este perfil en mano, Ana accedió a una plataforma educativa personalizada que se adaptaba a su ritmo y estilo. En lugar de seguir un currículo rígido, la IA le ofreció ejercicios de lectura que se alineaban con sus intereses, como artículos sobre matemáticas aplicadas en la vida real, presentados de manera accesible y atractiva. Además, la plataforma le proporcionaba retroalimentación instantánea, sugiriendo actividades complementarias para fortalecer su comprensión lectora sin que ella se sintiera abrumada.

Al mismo tiempo, mientras Ana avanzaba en su aprendizaje, la IA recogía datos sobre su progreso. Si notaba que Ana se estancaba en un concepto, ajustaba automáticamente la dificultad de los ejercicios, ofreciendo recursos adicionales como vídeos explicativos o juegos interactivos que hacían que aprender fuera un proceso más lúdico. La IA también sugería pausas estratégicas, asegurándose de que Ana no solo absorbiera información, sino que también la procesara y la aplicara.

Pero el impacto de la IA no se limitaba solo a la personalización del contenido. La maestra de Ana, también se beneficiaba de la tecnología. Gracias a un sistema de análisis de datos, podía ver en tiempo real el rendimiento de cada estudiante en su clase. Esto le permitía identificar rápidamente a aquellos que necesitaban atención adicional y, al mismo tiempo, reconocer a los que avanzaban más rápido de lo esperado.

Así, la maestra podía ajustar su enfoque, dedicando más tiempo a los estudiantes que luchaban con algún concepto y desafiando a aquellos que sobresalían, ofreciendo proyectos más complejos y estimulantes.

El uso de la IA también fomentaba la colaboración entre los estudiantes. En el salón de clases de Ana, los grupos de trabajo se formaban de manera dinámica, basándose en las habilidades complementarias de cada alumno. La IA organizaba estos grupos para que los estudiantes pudieran aprender unos de otros, promoviendo un ambiente de aprendizaje colaborativo. Ana, con su destreza en matemáticas, ayudaba a sus compañeros a resolver problemas, mientras que ellos la apoyaban en la lectura, creando un círculo virtuoso donde todos se beneficiaban.

Además de adaptarse a las necesidades individuales, la IA tenía la capacidad de prever tendencias a gran escala. A medida que se recopilaban más datos de estudiantes de diferentes escuelas y contextos, la inteligencia artificial podía identificar patrones en el aprendizaje y proponer mejoras en el currículo educativo en general. Esto significaba que no solo se beneficiaban los estudiantes de Ana, sino que toda una generación tenía acceso a una educación más efectiva y centrada en el estudiante.

Sin embargo, este avance no estaba exento de desafíos. Las cuestiones éticas sobre la privacidad de los datos y la dependencia de la tecnología eran temas de debate constante. Los educadores y los padres se preguntaban cómo se podía garantizar que la información personal de los estudiantes estuviera protegida y que la IA se utilizara de forma responsable. A medida que Ana y sus compañeros disfrutaban de una educación personalizada, también era crucial que se desarrollaran pautas claras para el uso de la tecnología en el salón de clases.

A través de esta narrativa, se hace evidente que la IA tiene el potencial de transformar la educación de manera significativa. Al adaptar los contenidos a las necesidades individuales de los estudiantes, no solo se mejora su experiencia de aprendizaje, sino que también se fomenta un entorno en el que cada alumno puede prosperar a su manera. Ana, con el apoyo de la inteligencia artificial, no solo se convirtió en una mejor estudiante, sino que también desarrolló una pasión por aprender, un amor por los desafíos y una confianza en sí misma que la acompañaría a lo largo de su vida. En este nuevo mundo educativo, la inteligencia artificial no era solo una herramienta; era un aliado en la búsqueda del conocimiento.

EJEMPLOS DE PLATAFORMAS QUE UTILIZAN IA PARA PERSONALIZAR EL APRENDIZAJE

En un mundo donde la educación se está transformando rápidamente gracias a la tecnología, las plataformas que utilizan inteligencia artificial (IA) para personalizar el aprendizaje han cobrado protagonismo. Estas herramientas innovadoras no solo permiten a los estudiantes avanzar a su propio ritmo, sino que también crean experiencias de aprendizaje únicas y adaptadas a las necesidades individuales. Para ilustrar este fenómeno, exploremos algunas de las plataformas más destacadas que han integrado la IA en sus procesos educativos.

1. **Khan Academy:** Aprender a medida

Khan Academy es una plataforma educativa sin fines de lucro que ofrece recursos de aprendizaje gratuitos a estudiantes de todo el mundo. Fundada en 2008 por Salman Khan, la misión de la organización es proporcionar una educación de alta calidad accesible para cualquier persona, en cualquier lugar. A través de su enfoque innovador y su amplia gama de contenidos, Khan Academy ha revolucionado el aprendizaje en línea.

Imaginemos a Carlos, un estudiante de secundaria que siempre ha tenido un amor por las ciencias, pero se siente abrumado por las matemáticas. Al registrarse en Khan Academy, se encuentra con una plataforma que no solo ofrece lecciones en video sobre una variedad de temas, sino que también utiliza IA para personalizar su experiencia. Al inicio, Carlos realiza una serie de pruebas diagnósticas que permiten a la plataforma evaluar su nivel de comprensión en matemáticas.

A medida que Carlos avanza, la IA de Khan Academy analiza sus respuestas y ajusta el contenido que le presenta. Si Carlos se encuentra luchando con un concepto específico, como la geometría, la plataforma le ofrece ejercicios adicionales y videos explicativos que abordan ese tema en particular. Además, Khan Academy proporciona un sistema de recompensas y motivación, que ayuda a Carlos a mantenerse comprometido y a celebrar sus logros, por pequeños que sean.

Características Principales de Khan Academy:

Contenido Diversificado: Khan Academy ofrece una amplia variedad de materias, incluyendo matemáticas, ciencias, economía, historia, arte y programación. Cada materia está organizada en niveles que van desde conceptos básicos hasta temas más avanzados, permitiendo a los estudiantes avanzar a su propio ritmo.

Videos Educativos: La plataforma es conocida por sus videos explicativos, que son breves y fáciles de entender. Estos videos utilizan un estilo de enseñanza visual que ayuda a los estudiantes a comprender conceptos complejos de manera más sencilla.

Ejercicios Prácticos: Además de los videos, Khan Academy proporciona una gran cantidad de ejercicios interactivos que permiten a los estudiantes practicar lo que han aprendido. Estos ejercicios son adaptativos y se ajustan al nivel de habilidad del estudiante, ofreciendo retroalimentación inmediata.

Seguimiento del Progreso: La plataforma cuenta con herramientas para que los estudiantes y educadores puedan rastrear el progreso de aprendizaje. Los estudiantes pueden ver su rendimiento a través de gráficos y estadísticas, lo que les ayuda a identificar áreas que necesitan más atención.

Recursos para Educadores: Khan Academy no solo se centra en los estudiantes, sino que también ofrece recursos y herramientas para educadores. Los maestros pueden crear clases, asignar tareas y monitorear el progreso de sus alumnos a través de la plataforma, facilitando la enseñanza personalizada.

Accesibilidad Global: Uno de los principales objetivos de Khan Academy es eliminar las barreras educativas. La plataforma está disponible en múltiples idiomas y puede ser utilizada en cualquier dispositivo con acceso a Internet, lo que permite que estudiantes de diferentes contextos socioeconómicos accedan a recursos educativos de calidad.

Impacto y Reconocimiento:

Khan Academy ha tenido un impacto significativo en la educación global. Ha sido adoptada por escuelas, universidades e instituciones educativas en todo el mundo como una herramienta complementaria para la enseñanza y el aprendizaje. Además, ha recibido numerosos reconocimientos por su contribución a la educación y su enfoque innovador.

Filosofía Educativa:

La filosofía de Khan Academy se basa en la idea de que todos los estudiantes pueden aprender y tener éxito si se les proporciona el apoyo adecuado. La plataforma promueve el aprendizaje autodirigido, permitiendo a los estudiantes avanzar a su propio ritmo y explorar áreas de interés personal. Esto fomenta la curiosidad y la motivación intrínseca, elementos clave en el proceso educativo.

En resumen, Khan Academy es una plataforma transformadora que ha democratizado el acceso a la educación. A través de su enfoque accesible y recursos innovadores, ha empoderado a millones de estudiantes en todo el mundo para que tomen el control de su aprendizaje. Con su compromiso continuo de ofrecer educación gratuita y de calidad, Khan Academy sigue siendo un referente en el campo de la educación en línea.

2. **Duolingo**: Aprender idiomas de forma divertida

Duolingo es una plataforma educativa y una aplicación de aprendizaje de idiomas que ha ganado popularidad mundial desde su lanzamiento en 2011. Fundada por Luis von Ahn y Severin Hacker, Duolingo tiene como misión hacer que la educación en idiomas sea accesible y divertida para todos, utilizando un enfoque gamificado que incentiva la práctica y el aprendizaje continuo.

En un rincón del mundo, Ana desea aprender francés. Abre Duolingo, una plataforma de aprendizaje de idiomas que ha revolucionado la forma en que las personas adquieren nuevas lenguas. Desde el primer momento, Ana es recibida por un asistente virtual que le pregunta sobre su nivel actual y sus objetivos. A partir de esa información, la IA de Duolingo crea un plan de estudio adaptado a sus necesidades.

Cada lección en Duolingo es corta y gamificada, lo que hace que aprender sea divertido. La IA ajusta la dificultad del contenido en función del rendimiento de Ana. Si comete errores recurrentes en la conjugación de verbos, la plataforma le presenta ejercicios específicos que refuerzan ese aspecto del idioma. Además, Duolingo utiliza un sistema de repetición espaciada, asegurando que Ana revise las palabras y frases en el momento óptimo para mejorar su retención a largo plazo.

Características Principales de Duolingo:

Aprendizaje Gamificado: Duolingo integra elementos de juego en su plataforma, lo que hace que el aprendizaje sea más atractivo. Los usuarios pueden ganar puntos, subir de nivel y recibir recompensas a medida que completan lecciones y ejercicios. Esta metodología fomenta la competencia amistosa y el compromiso a largo plazo con el aprendizaje.

Amplia Variedad de Idiomas: La plataforma ofrece cursos en más de 30 idiomas, incluyendo los más populares como inglés, español, francés, alemán y japonés, así como lenguas menos comunes. Esto permite a los usuarios elegir el idioma que desean aprender según sus intereses y necesidades.

Lecciones Interactivas: Las lecciones de Duolingo están diseñadas para ser cortas y efectivas, utilizando una variedad de formatos, como traducciones, ejercicios de pronunciación, selección de palabras y comprensión auditiva. Esto ayuda a los estudiantes a desarrollar diversas habilidades lingüísticas, incluyendo la lectura, la escritura, la escucha y el habla.

Enfoque Basado en la Ciencia: Duolingo utiliza principios de la psicología del aprendizaje y la lingüística para diseñar su contenido. Se centra en la repetición espaciada, un método que se ha demostrado que mejora la retención de información a largo plazo. Esto significa que los usuarios revisan material en intervalos estratégicos para consolidar su aprendizaje.

Accesibilidad y Flexibilidad: Duolingo está disponible en múltiples plataformas, incluyendo aplicaciones móviles para iOS y Android, así como una versión web. Esto permite a los usuarios aprender en cualquier lugar y en cualquier momento, adaptándose a sus horarios y estilos de vida.

Comunidad y Competencia: La plataforma incluye características sociales que permiten a los usuarios interactuar con amigos y otros estudiantes. Pueden unirse a clubes, competir en tablas de clasificación y compartir su progreso, lo que añade un elemento comunitario al proceso de aprendizaje.

Impacto y Reconocimiento:

Duolingo ha transformado la forma en que las personas aprenden idiomas. Con más de 500 millones de usuarios en todo el mundo, se ha convertido en una de las aplicaciones de aprendizaje más populares. Ha sido reconocida por su enfoque innovador y ha recibido varios premios por su contribución a la educación.

Filosofía Educativa:

La filosofía de Duolingo se basa en la idea de que el aprendizaje de un idioma no debería ser un lujo, sino un derecho accesible para todos. Ofrece su contenido de forma gratuita, aunque también cuenta con una versión premium, Duolingo Plus, que elimina anuncios y ofrece algunas características adicionales. Esto permite que la plataforma mantenga su compromiso de democratizar la educación.

Recursos Adicionales:

Además de los cursos de idiomas, Duolingo ha introducido otras características, como "Duolingo Stories", que son relatos cortos diseñados para mejorar la comprensión lectora, y "Duolingo Podcasts", que ofrecen historias en el idioma que se está aprendiendo, lo que ayuda a los usuarios a mejorar su escucha en contextos narrativos.

En resumen, Duolingo es una plataforma innovadora que ha democratizado el aprendizaje de idiomas a través de su enfoque gamificado y accesible. Su amplia variedad de idiomas, lecciones interactivas y principios basados en la ciencia del aprendizaje han hecho que sea una herramienta valiosa para millones de estudiantes en todo el mundo.

Con su compromiso continuo de ofrecer educación gratuita y de calidad, Duolingo sigue siendo un líder en el ámbito del aprendizaje de idiomas en línea.

3. **Coursera:** Educación superior accesible

Coursera es una plataforma de aprendizaje en línea que ofrece cursos, especializaciones y títulos de diversas universidades y organizaciones de todo el mundo. Fundada en 2012 por Daphne Koller y Andrew Ng, Coursera se ha convertido en uno de los principales proveedores de educación en línea, facilitando el acceso a recursos educativos de alta calidad a millones de estudiantes. Su misión es democratizar la educación, haciendo que el aprendizaje sea accesible y flexible para todos.

Ahora viajamos a un entorno universitario. Javier, un profesional que trabaja a tiempo completo, decide inscribirse en un curso de marketing digital en Coursera. Esta plataforma, que colabora con universidades y empresas de renombre mundial, utiliza IA para personalizar la experiencia de aprendizaje de cada usuario. Al registrarse, Javier completa un breve cuestionario sobre sus intereses y objetivos profesionales.

A medida que avanza en el curso, la IA de Coursera analiza su participación en las tareas y foros de discusión, adaptando el contenido que se le presenta. Si Javier muestra interés en temas específicos, como el análisis de datos o la estrategia de contenido, la plataforma le sugiere cursos adicionales y materiales complementarios que se alinean con sus intereses. Además, Coursera ofrece retroalimentación instantánea en las evaluaciones, lo que permite a Javier identificar áreas de mejora y fortalecer su conocimiento.

Características Principales de Coursera:

Amplia Variedad de Cursos: Coursera ofrece miles de cursos en una amplia gama de temas, incluidos negocios, tecnología, ciencias de la computación, humanidades, ciencias sociales, salud y más. Estos cursos son impartidos por universidades de renombre, como Stanford, Yale, la Universidad de Michigan y muchas otras.

Certificaciones y Títulos: Además de cursos individuales, Coursera ofrece programas de especialización que abarcan múltiples cursos, así como títulos en línea en colaboración con instituciones educativas. Esto permite a los estudiantes obtener credenciales reconocidas que pueden mejorar sus oportunidades laborales y su desarrollo profesional.

Aprendizaje Flexible: La plataforma permite a los estudiantes aprender a su propio ritmo. Los cursos suelen incluir videos, lecturas, cuestionarios y foros de discusión, lo que facilita la comprensión y el aprendizaje activo. Los estudiantes pueden acceder al contenido en cualquier momento y desde cualquier lugar con conexión a Internet.

Interacción y Comunidad: Coursera fomenta la interacción entre estudiantes y profesores a través de foros de discusión y actividades colaborativas. Esto crea un ambiente de aprendizaje comunitario donde los estudiantes pueden compartir ideas, hacer preguntas y colaborar en proyectos.

Evaluaciones y Retroalimentación: Muchos cursos en Coursera incluyen evaluaciones que permiten a los estudiantes medir su progreso y comprensión del material. La retroalimentación puede ser proporcionada por instructores o mediante sistemas automáticos, lo que ayuda a los estudiantes a identificar áreas en las que necesitan mejorar.

Acceso Gratuito y Opciones de Pago: Coursera ofrece la opción de auditar cursos de forma gratuita, lo que permite a los estudiantes acceder al contenido sin costo alguno. Sin embargo, para obtener un certificado o acceso a tareas calificadas, generalmente se requiere un pago. También existen opciones de suscripción para acceder a múltiples cursos.

Impacto y Reconocimiento:

Coursera ha tenido un impacto significativo en la educación global. Con más de 100 millones de estudiantes registrados en todo el mundo, la plataforma ha ayudado a democratizar el acceso a la educación de calidad. Ha sido reconocida por su innovación en el aprendizaje en línea y ha establecido alianzas estratégicas con instituciones educativas y empresas para ofrecer programas relevantes y actualizados.

Filosofía Educativa:

La filosofía de Coursera se basa en la creencia de que la educación debe ser accesible para todos, independientemente de su ubicación o situación económica. Al asociarse con universidades e instituciones líderes, Coursera busca ofrecer contenido de alta calidad que ayude a los estudiantes a alcanzar sus objetivos académicos y profesionales.

Recursos Adicionales:

Coursera también ofrece recursos adicionales, como proyectos prácticos, seminarios web y oportunidades de networking. Estos elementos complementan la experiencia de aprendizaje y permiten a los estudiantes aplicar lo que han aprendido en situaciones del mundo real.

En resumen, Coursera es una plataforma transformadora que ha revolucionado la educación en línea, proporcionando acceso a cursos de alta calidad de instituciones de prestigio. Su enfoque flexible y accesible ha permitido a millones de estudiantes de todo el mundo mejorar sus habilidades y avanzar en sus carreras. Con su compromiso de democratizar la educación y su continuo desarrollo de nuevos programas y recursos, Coursera sigue siendo un líder en el ámbito del aprendizaje en línea.

4. **Smart Sparrow:** Aprendizaje adaptativo en acción

Smart Sparrow es una plataforma de aprendizaje adaptativo que se centra en la creación de experiencias educativas personalizadas y efectivas. Fundada en 2011 por el Dr. Ángel P. S. de la Vega y el Dr. Richard F. S. H.

Kauffman, Smart Sparrow tiene como objetivo transformar la forma en que se imparte la educación al permitir a los educadores diseñar cursos que se adapten a las necesidades y estilos de aprendizaje de sus estudiantes.

En una escuela secundaria, los educadores utilizan Smart Sparrow, una plataforma de aprendizaje adaptativo que permite a los maestros personalizar el contenido para sus estudiantes. Imaginemos a una maestra de biología que desea que sus alumnos comprendan mejor la teoría celular. Con Smart Sparrow, puede crear un módulo interactivo que se adapta a las respuestas de cada estudiante en tiempo real.

Cuando los alumnos interactúan con el contenido, la IA evalúa sus respuestas y ajusta las preguntas y actividades en función de su nivel de comprensión. Si un estudiante se queda atascado en un concepto, la plataforma proporciona recursos adicionales, como animaciones o ejercicios prácticos, para ayudarlo a avanzar. Esto no solo mejora la experiencia de aprendizaje, sino que también permite identificar rápidamente a aquellos estudiantes que necesitan más apoyo.

Características Principales de Smart Sparrow:

Aprendizaje Adaptativo: Smart Sparrow utiliza tecnología de aprendizaje adaptativo para ofrecer contenido personalizado a los estudiantes. Esto significa que los cursos se ajustan en tiempo real según el desempeño y las respuestas de los estudiantes, brindando un camino de aprendizaje único para cada individuo.

Herramientas de Diseño de Cursos: La plataforma ofrece a los educadores herramientas intuitivas para crear y gestionar cursos interactivos. Los instructores pueden diseñar lecciones, actividades y evaluaciones que se alineen con sus objetivos pedagógicos, utilizando una interfaz amigable que no requiere conocimientos técnicos avanzados.

Interactividad y Simulación: Smart Sparrow permite la creación de módulos interactivos que fomentan el aprendizaje activo. Esto incluye simulaciones, estudios de caso y actividades prácticas que involucran a los estudiantes en su propio proceso de aprendizaje y les permiten aplicar conceptos en contextos del mundo real.

Análisis y Retroalimentación: La plataforma proporciona herramientas analíticas que permiten a los educadores monitorear el progreso de los estudiantes en tiempo real. Esto incluye informes detallados sobre el desempeño, lo que ayuda a los instructores a identificar áreas que requieren atención y a ajustar su enseñanza en consecuencia.

Integración con Sistemas de Gestión del Aprendizaje (LMS): Smart Sparrow se integra fácilmente con otros sistemas de gestión del aprendizaje, lo que permite a las instituciones educativas incorporar la plataforma en sus entornos de enseñanza existentes. Esto facilita la implementación y el uso dentro del salón de clases.

Enfoque en la Educación Superior: Aunque Smart Sparrow puede ser utilizado en diversos niveles educativos, su enfoque principal ha sido la educación superior. Ha colaborado con universidades e instituciones educativas de renombre para ofrecer soluciones efectivas que mejoren la enseñanza en campos como la biología, la ingeniería y las ciencias sociales.

Impacto y Reconocimiento:

Smart Sparrow ha sido reconocida por su innovación en el campo del aprendizaje adaptativo y ha ganado varios premios por su contribución a la educación. Su enfoque en la personalización y la interactividad ha ayudado a mejorar la retención y el compromiso de los estudiantes, lo que se traduce en mejores resultados académicos.

Filosofía Educativa:

La filosofía de Smart Sparrow se basa en la creencia de que cada estudiante es único y que la educación debe adaptarse a sus necesidades individuales. Al proporcionar herramientas que permiten la personalización del aprendizaje, Smart Sparrow busca empoderar tanto a educadores como a estudiantes, fomentando un ambiente de aprendizaje más inclusivo y efectivo.

Recursos Adicionales:

Smart Sparrow también ofrece formación y soporte a los educadores, ayudándoles a aprovechar al máximo la plataforma y a aplicar las mejores prácticas en el diseño de cursos. Esto incluye seminarios, tutoriales y recursos en línea que enriquecen la experiencia de aprendizaje.

En resumen, Smart Sparrow es una plataforma de aprendizaje adaptativo que ha transformado la educación al ofrecer soluciones personalizadas y efectivas. Su enfoque en la interactividad, el análisis y la adaptabilidad ha permitido a educadores de todo el mundo mejorar sus métodos de enseñanza y a los estudiantes disfrutar de una experiencia de aprendizaje más relevante y atractiva. Con su continuo compromiso con la innovación educativa, Smart Sparrow sigue siendo un referente en el ámbito del aprendizaje en línea y adaptativo.

5. **Edmodo:** Conectando a estudiantes y educadores

Edmodo es una plataforma educativa que actúa como una red social diseñada específicamente para el entorno escolar. Fue fundada en 2008 y se ha convertido en una herramienta popular entre docentes, estudiantes y padres. A continuación, se describen sus principales características y beneficios:

Consideremos a Edmodo, una plataforma que conecta a estudiantes y educadores en un entorno colaborativo. Al registrarse, los estudiantes pueden acceder a materiales educativos personalizados basados en sus habilidades y preferencias. La IA de Edmodo analiza la interacción de los estudiantes con el contenido y proporciona a los maestros información valiosa sobre el rendimiento de sus alumnos.

Imaginemos a Luis, un estudiante que lucha con la historia. A través de Edmodo, recibe recomendaciones de recursos que se centran en los temas que más le interesan, como las civilizaciones antiguas. A medida que Luis participa en discusiones y actividades, la plataforma se adapta a sus progresos, sugiriendo materiales adicionales que le ayuden a profundizar en los temas que más le fascinan. Los maestros, a su vez, pueden utilizar esta información para ajustar sus lecciones, asegurándose de que todos los estudiantes estén comprometidos y comprendan los temas tratados.

Características de Edmodo

Interfaz Amigable: La plataforma tiene un diseño intuitivo similar a otras redes sociales, lo que facilita su uso tanto para profesores como para estudiantes.

Comunicación: Edmodo permite la comunicación fluida entre estudiantes y profesores a través de mensajes, foros de discusión y publicaciones. Los profesores pueden enviar anuncios y actualizaciones a sus estudiantes de manera efectiva.

Gestión de Clases: Los docentes pueden crear grupos de clase, asignar tareas, subir materiales de estudio y realizar un seguimiento del progreso académico de sus estudiantes.

Evaluaciones y Calificaciones: Edmodo ofrece herramientas para crear cuestionarios y exámenes en línea. Los profesores pueden calificar las tareas y proporcionar retroalimentación de manera sencilla.

Recursos Educativos: La plataforma permite a los educadores compartir recursos, enlaces y materiales de aprendizaje, lo que facilita el acceso a información adicional.

Integración con Otras Herramientas: Edmodo se puede integrar con diversas aplicaciones y herramientas educativas, lo que amplía las posibilidades de aprendizaje y colaboración.

Seguridad y Privacidad: La plataforma está diseñada con características de seguridad que protegen la información de los usuarios. Los estudiantes deben registrarse con un código de clase proporcionado por el docente, lo que limita el acceso no autorizado.

Beneficios de Edmodo

Fomento de la Colaboración: Edmodo promueve un entorno colaborativo donde los estudiantes pueden trabajar juntos en proyectos y tareas.

Acceso a Aprendizaje Personalizado: Los educadores pueden adaptar el contenido y las actividades de aprendizaje según las necesidades y el ritmo de cada estudiante.

Facilitación de la Participación: La plataforma permite a los estudiantes participar activamente en su aprendizaje, ya que pueden hacer preguntas y contribuir a las discusiones.

Involucramiento de los Padres: Edmodo también incluye funciones para que los padres puedan seguir el progreso académico de sus hijos, lo que fomenta la participación familiar en la educación.

En resumen, Edmodo es una herramienta poderosa para el aprendizaje en línea que apoya a estudiantes y educadores en la gestión de clases y la comunicación. Su enfoque en la colaboración, la personalización del aprendizaje y la integración de recursos la convierte en una opción valiosa para instituciones educativas y familias que buscan mejorar la experiencia educativa.

6. **DreamBox Learning:** Matemáticas personalizadas para cada estudiante

DreamBox Learning es una plataforma educativa en línea que se centra en la enseñanza de matemáticas para estudiantes de educación primaria y secundaria. Fundada en 2006, DreamBox utiliza un enfoque adaptativo para personalizar la experiencia de aprendizaje de cada estudiante, lo que la convierte en una herramienta valiosa para educadores y padres. A continuación, se detallan sus principales características, beneficios y metodología.

En una escuela primaria, los estudiantes utilizan DreamBox Learning, para el aprendizaje de matemáticas. Sofía, una alumna de tercer grado, se siente emocionada cada vez que inicia su sesión en esta plataforma. Al igual que en las otras herramientas, DreamBox comienza con una evaluación diagnóstica para entender el nivel de conocimiento de Sofía.

Lo que distingue a DreamBox es su enfoque en la adaptabilidad. La IA ajusta el nivel de dificultad de los problemas matemáticos en función del rendimiento de

Sofía, presentándole nuevos conceptos solo cuando ha demostrado que ha dominado los anteriores. Si Sofía muestra un interés particular en resolver problemas de geometría, la plataforma le ofrece desafíos adicionales en ese ámbito, mientras que refuerza las áreas donde podría necesitar más práctica, como la suma y la resta.

Características de DreamBox Learning

Aprendizaje Adaptativo: DreamBox se ajusta en tiempo real al nivel de habilidad de cada estudiante. A medida que el alumno interactúa con la plataforma, el software adapta las lecciones y ejercicios para brindar un desafío apropiado, asegurando que cada estudiante avance a su propio ritmo.

Contenido Interactivo: La plataforma ofrece una variedad de actividades interactivas, juegos y lecciones visuales que hacen que el aprendizaje de matemáticas sea atractivo y divertido. Esto ayuda a mantener el interés de los estudiantes y a facilitar la comprensión de conceptos matemáticos complejos.

Desarrollo de Habilidades: DreamBox no solo se centra en la memorización de procedimientos matemáticos, sino que también promueve la comprensión conceptual. Los estudiantes son animados a explorar diferentes métodos y estrategias para resolver problemas, lo que fomenta el pensamiento crítico.

Informes y Análisis: Los educadores y padres pueden acceder a informes detallados sobre el progreso de los estudiantes. Estos informes incluyen datos sobre el tiempo dedicado a la plataforma, las habilidades dominadas y las áreas que necesitan refuerzo, lo que permite una intervención oportuna.

Currículo Alineado con Estándares: DreamBox está diseñado para cumplir con los estándares educativos nacionales y estatales, lo que asegura que el contenido sea relevante y esté alineado con lo que los estudiantes están aprendiendo en el salón de clases.

Accesibilidad: DreamBox está disponible en múltiples dispositivos, lo que permite a los estudiantes acceder a las lecciones en casa, en la escuela o en cualquier lugar con conexión a internet. Esto promueve el aprendizaje flexible y continuo.

Beneficios de DreamBox Learning

Personalización del Aprendizaje: Cada estudiante recibe una experiencia de aprendizaje adaptada a sus necesidades y niveles de habilidad, lo que maximiza su potencial y mejora su confianza en matemáticas.

Interacción y Compromiso: Al utilizar elementos de gamificación y actividades interactivas, DreamBox mantiene a los estudiantes motivados y comprometidos, lo que conduce a una mayor retención del conocimiento.

Apoyo a Educadores: La plataforma proporciona a los maestros herramientas para diferenciar la instrucción y adaptar sus lecciones a las necesidades individuales de los estudiantes. Además, los informes detallados ayudan a los educadores a identificar áreas de mejora.

Fomento de la Autonomía: Los estudiantes pueden trabajar de manera independiente y tomar el control de su aprendizaje, lo que fomenta la responsabilidad y la autoeficacia.

Metodología

DreamBox Learning adopta un enfoque constructivista en la enseñanza de las matemáticas. Esto significa que se anima a los estudiantes a construir su comprensión a través de la exploración y el descubrimiento. La plataforma utiliza una variedad de estrategias de enseñanza, como:

Resolución de Problemas: Los estudiantes enfrentan problemas del mundo real que requieren la aplicación de conceptos matemáticos, lo que les ayuda a ver la relevancia de lo que están aprendiendo.

Aprendizaje Basado en Juego: Incorpora elementos de juego que hacen que el aprendizaje sea más atractivo, permitiendo a los estudiantes practicar habilidades matemáticas mientras se divierten.

Colaboración: Aunque es una plataforma en línea, DreamBox también fomenta la colaboración entre estudiantes, permitiendo que trabajen juntos en ciertos desafíos y compartan estrategias.

En resumen, DreamBox Learning es una plataforma innovadora que transforma la enseñanza y el aprendizaje de las matemáticas a través de un enfoque adaptativo y centrado en el estudiante. Su capacidad para personalizar la experiencia de aprendizaje, junto con su contenido interactivo y su alineación con los estándares educativos, la convierte en una herramienta valiosa para maestros, estudiantes y padres que buscan mejorar el rendimiento en matemáticas.

7. Squirrel AI:

Squirrel AI es una plataforma avanzada de educación personalizada que utiliza inteligencia artificial para ofrecer un aprendizaje adaptativo a estudiantes de diversas edades y niveles académicos. Su objetivo es mejorar la experiencia educativa mediante la personalización de contenido y métodos de enseñanza, adecuándose a las necesidades individuales de cada estudiante.

Características principales de Squirrel AI:

Aprendizaje Adaptativo: Utiliza algoritmos de IA para analizar el desempeño y las preferencias de aprendizaje de cada estudiante. Esto permite ajustar el contenido y la dificultad de las tareas en tiempo real, ofreciendo un camino educativo personalizado.

Evaluaciones Diagnósticas: Al inicio de su uso, Squirrel AI realiza evaluaciones para identificar las fortalezas y debilidades del estudiante. Con esta información, se puede crear un perfil de aprendizaje que guiará las futuras interacciones.

Contenido Interactivo: La plataforma proporciona recursos interactivos, como videos, ejercicios y juegos educativos, que fomentan un aprendizaje más dinámico y atractivo.

Seguimiento del Progreso: Los estudiantes y educadores pueden monitorear el progreso a través de informes detallados que indican cómo se están desarrollando las habilidades y qué áreas requieren más atención.

Accesibilidad: Squirrel AI está diseñado para ser accesible desde diferentes dispositivos, lo que permite a los estudiantes aprender en cualquier momento y lugar.

Fomento de la Autonomía: La plataforma promueve la autoeficacia y la autonomía del estudiante, alentándolo a tomar control de su propio proceso de aprendizaje.

Impacto en la Educación:

Squirrel AI ha sido implementado en diversas instituciones educativas y ha mostrado resultados positivos en la mejora del rendimiento académico. Al proporcionar un aprendizaje más personalizado, se busca no solo aumentar la comprensión de los temas, sino también motivar a los estudiantes, ayudándoles a desarrollar habilidades críticas para su futuro.

En resumen, Squirrel AI representa una innovación significativa en el ámbito educativo, combinando tecnología de vanguardia con pedagogía efectiva para transformar cómo los estudiantes aprenden y se desarrollan.

8. **Quizlet:** Aprendizaje colaborativo y adaptativo

Quizlet es una plataforma educativa en línea que facilita el aprendizaje a través de herramientas interactivas y recursos de estudio. Fundada en 2005 por Andrew Sutherland, Quizlet ha crecido significativamente y se ha convertido en una de las herramientas más utilizadas por estudiantes y educadores en todo el mundo. A continuación, se presenta un análisis detallado de sus características, beneficios y metodología de aprendizaje.

En el ámbito del aprendizaje colaborativo, Quizlet se ha destacado como una herramienta que ofrece a los estudiantes la oportunidad de crear y compartir tarjetas de estudio. Imaginemos a Martín, un estudiante de preparatoria que necesita repasar para su examen de biología. Al utilizar Quizlet, Martín puede acceder a una variedad de conjuntos de tarjetas creados por otros estudiantes y, gracias a la IA, se le presentan las tarjetas que más probablemente necesita revisar, basándose en su historial de estudio.

La plataforma también incorpora juegos y actividades interactivas que ayudan a Martín a aprender de manera más efectiva. La IA evalúa su progreso y le sugiere revisar ciertos términos o conceptos que no ha dominado completamente, personalizando así su experiencia de estudio.

Características de Quizlet

Tarjetas de Estudio (Flashcards): Quizlet permite a los usuarios crear y utilizar tarjetas de estudio digitales que facilitan la memorización de conceptos, definiciones y vocabulario. Los usuarios pueden personalizar sus tarjetas con texto, imágenes y audio.

Modos de Estudio Diversos: La plataforma ofrece varios modos de estudio, incluyendo:

Aprender: Un modo que ajusta el contenido y las preguntas en función del progreso del usuario.

Escribir: Los usuarios deben escribir las respuestas correctas, lo que ayuda a reforzar el aprendizaje.

Prueba: Un modo que simula un examen, permitiendo a los estudiantes evaluar su conocimiento.

Juegos: Incluye actividades interactivas como "Match" y "Gravity" que hacen del aprendizaje una experiencia divertida y lúdica.

Grupos y Colaboración: Los usuarios pueden unirse a grupos de estudio, donde pueden compartir tarjetas de estudio, colaborar en la creación de contenido y participar en discusiones. Esto fomenta el aprendizaje en comunidad.

Acceso a Contenido Generado por Usuarios: Quizlet alberga millones de conjuntos de tarjetas de estudio creados por otros usuarios. Esto permite a los estudiantes acceder a una amplia variedad de temas y materias sin tener que crear su propio contenido desde cero.

Aplicaciones Móviles: Quizlet ofrece aplicaciones para dispositivos móviles que permiten a los usuarios estudiar en cualquier momento y lugar. Esto promueve el aprendizaje flexible y accesible.

Integración con Educadores: Los maestros pueden crear clases y asignar tareas a sus estudiantes a través de Quizlet. También pueden monitorear el progreso de los estudiantes y proporcionar retroalimentación.

Beneficios de Quizlet

Facilitación del Aprendizaje Activo: Las herramientas interactivas de Quizlet promueven un enfoque activo en el aprendizaje, lo que puede mejorar la retención de información y la comprensión de conceptos.

Personalización del Estudio: Los estudiantes pueden adaptar su experiencia de aprendizaje según sus necesidades y preferencias, eligiendo los temas que desean estudiar y el modo que les resulta más efectivo.

Gamificación del Aprendizaje: Al incluir elementos de juego, Quizlet hace que el estudio sea más atractivo y motivador, lo que puede ayudar a los estudiantes a mantener su interés y compromiso.

Accesibilidad: La plataforma está diseñada para ser accesible para todos los estudiantes, independientemente de su nivel de habilidad. Esto la convierte en una herramienta inclusiva que puede beneficiar a una amplia gama de usuarios.

Metodología de Aprendizaje

Quizlet se basa en principios de aprendizaje activo y la teoría del aprendizaje significativo. Algunas de las metodologías clave incluyen:

Repetición Espaciada: Esta técnica se utiliza para ayudar a los estudiantes a recordar información a largo plazo. Al revisar el contenido en intervalos estratégicos, los estudiantes pueden reforzar su memoria y comprensión.

Aprendizaje Colaborativo: A través de la funcionalidad de grupos, Quizlet promueve la colaboración entre estudiantes, lo que les permite aprender unos de otros y desarrollar habilidades sociales en el proceso.

Aprendizaje Multimodal: Al permitir a los usuarios incorporar texto, imágenes y audio en sus tarjetas, Quizlet aborda diferentes estilos de aprendizaje y ayuda a los estudiantes a procesar la información de manera más eficaz.

En resumen, Quizlet es una herramienta educativa versátil y poderosa que transforma la forma en que los estudiantes aprenden y estudian. Con sus múltiples características, desde tarjetas de estudio hasta modos de juego, Quizlet ofrece un enfoque interactivo y atractivo para el aprendizaje. Su capacidad para personalizar la experiencia de estudio, junto con su diseño accesible y funcionalidad colaborativa, la convierte en una opción valiosa para estudiantes, educadores y cualquier persona interesada en mejorar su conocimiento en una amplia variedad de temas.

9. **Plataformas de realidad virtual:** Inmersión en el aprendizaje

Las plataformas de realidad virtual (RV) son entornos digitales inmersivos que permiten a los usuarios experimentar e interactuar con mundos virtuales en tres dimensiones. A través del uso de dispositivos específicos, como cascos o gafas de realidad virtual, estos sistemas crean una sensación de presencia, lo que significa que los usuarios pueden sentir que realmente están dentro de un entorno simulado. La realidad virtual se utiliza en diversas aplicaciones, desde el entretenimiento hasta la educación y la capacitación profesional. A continuación, se presentan las características de las plataformas de realidad virtual y algunas de las más destacadas que existen en la actualidad.

En un ámbito más innovador, plataformas como Nearpod y EngageVR utilizan la realidad virtual (VR) para ofrecer experiencias de aprendizaje inmersivas. Imaginemos a un grupo de estudiantes que, a través de estas plataformas, pueden explorar el fondo del océano o caminar por las calles de una ciudad antigua. La IA en estas plataformas adapta las experiencias basándose en las interacciones de los estudiantes, permitiéndoles seguir su propio camino de descubrimiento.

Con Nearpod, por ejemplo, los maestros pueden crear lecciones que requieren que los estudiantes participen activamente en su aprendizaje. La IA evalúa cómo cada estudiante interactúa con el contenido y ajusta las actividades en tiempo real, asegurando que todos estén comprometidos y aprendiendo de manera efectiva.

Características de las Plataformas de Realidad Virtual

Inmersión: La principal característica de la realidad virtual es la inmersión, que permite a los usuarios sentirse como si estuvieran físicamente presentes en un entorno digital. Esto se logra a través de gráficos 3D de alta calidad, audio envolvente y sensores de movimiento.

Interactividad: Los usuarios pueden interactuar con los elementos del entorno virtual mediante controladores, sensores de movimiento o incluso dispositivos de seguimiento ocular. Esto permite una experiencia más rica y personalizada.

Simulación: Las plataformas de RV pueden simular una amplia gama de escenarios, desde entornos naturales hasta situaciones urbanas o incluso mundos fantásticos. Esto es especialmente útil en la educación y la formación, donde se pueden recrear situaciones de la vida real sin riesgos.

Accesibilidad: Con el avance de la tecnología, muchas plataformas de realidad virtual han hecho que el acceso sea más fácil y asequible, permitiendo que más personas experimenten esta tecnología.

Multijugador: Muchas plataformas permiten la interacción entre múltiples usuarios en un mismo entorno virtual, lo que fomenta la colaboración y el trabajo en equipo.

Tipos de Plataformas de Realidad Virtual

Plataformas de Consumo General: Estas son plataformas diseñadas para el entretenimiento y el ocio. Suelen incluir videojuegos y experiencias interactivas. Ejemplos incluyen:

Oculus Quest: Un popular sistema de realidad virtual autónomo que permite a los usuarios jugar y explorar sin necesidad de una PC.

PlayStation VR: Diseñado para la consola PlayStation, ofrece una variedad de juegos y experiencias de realidad virtual.

HTC Vive: Conocido por su capacidad de seguimiento de movimiento de alta precisión y su biblioteca de juegos, es popular entre los entusiastas de la realidad virtual.

Plataformas Educativas: Estas plataformas se centran en el uso de la realidad virtual para la enseñanza y el aprendizaje. Ejemplos incluyen:

Engage: Permite a educadores crear entornos de aprendizaje virtuales y realizar clases en línea.

zSpace: Utiliza RV y AR (realidad aumentada) para ofrecer experiencias de aprendizaje inmersivas en ciencias y matemáticas.

ClassVR: Ofrece contenido educativo en realidad virtual para diferentes niveles educativos y materias.

Plataformas de Capacitación Profesional: Estas son utilizadas en industrias específicas para la formación y la simulación de escenarios del mundo real. Ejemplos incluyen:

VirtaMed: Proporciona simuladores médicos en realidad virtual para capacitar a profesionales de la salud.

Pixaera: Ofrece soluciones de formación en realidad virtual para empresas, enfocándose en la capacitación laboral.

STRIVR: Utiliza la realidad virtual para la capacitación de empleados en diversas industrias, incluidos deportes y atención al cliente.

Plataformas de Diseño y Modelado: Estas herramientas permiten a los diseñadores y arquitectos crear y visualizar proyectos en entornos de realidad virtual. Ejemplos incluyen:

Unity y Unreal Engine: Aunque son motores de juego, también se utilizan para desarrollar aplicaciones de realidad virtual en diseño arquitectónico y simulaciones.

SketchUp: Con complementos de realidad virtual, permite a los usuarios visualizar sus modelos en entornos tridimensionales.

Plataformas Empresariales: Estas son utilizadas por empresas para crear experiencias de marketing y eventos virtuales. Ejemplos incluyen:

Spatial: Permite reuniones y colaboraciones en 3D en entornos virtuales, ideal para empresas distribuidas.

vSpatial: Proporciona un espacio de trabajo virtual donde los equipos pueden colaborar en tiempo real.

Las plataformas de realidad virtual están revolucionando la forma en que interactuamos con el contenido digital, ofreciendo experiencias inmersivas que van más allá de las pantallas tradicionales. Desde el entretenimiento hasta la educación y la capacitación profesional, la realidad virtual tiene aplicaciones diversas y en constante evolución. Con el avance de la tecnología y la creciente accesibilidad, es probable que veamos un aumento en su adopción en múltiples sectores, transformando la manera en que aprendemos

10. **Plataformas de tutoría:** Aprendiendo con un toque personal

Las plataformas de tutoría son espacios digitales que conectan a estudiantes con tutores o mentores en diversas áreas del conocimiento. Estas plataformas pueden ofrecer tutorías en tiempo real, cursos en línea, recursos educativos, y herramientas de colaboración. Su objetivo principal es facilitar el aprendizaje personalizado y accesible, adaptándose a las necesidades y ritmos de cada estudiante.

Plataformas como Chegg y Wyzant ofrecen servicios de tutoría personalizada que conectan a estudiantes con tutores en tiempo real. Al registrarse, los estudiantes completan un perfil que detalla sus necesidades académicas y preferencias de aprendizaje. La IA utiliza esta información para emparejar a los estudiantes con tutores que tienen experiencia en sus áreas de interés.

Imaginemos a Valeria, quien necesita ayuda con su ensayo de literatura. A través de Chegg, la IA le sugiere un tutor que no solo es experto en el tema, sino que también tiene un enfoque de enseñanza que se alinea con el estilo de aprendizaje de Valeria. Esta conexión personalizada permite que Valeria reciba la orientación específica que necesita para mejorar sus habilidades de escritura.

A medida que exploramos estos ejemplos, queda claro que la inteligencia artificial está revolucionando la educación al permitir que cada estudiante tenga una experiencia de aprendizaje única y personalizada. Desde plataformas que se centran en la adaptación del contenido hasta aquellas que fomentan la colaboración y la inmersión, la IA se está convirtiendo en un aliado imprescindible en el proceso educativo.

Tipos de Plataformas de Tutoría

Plataformas de Tutoría en Línea: Estas ofrecen sesiones de tutoría en tiempo real, generalmente a través de videoconferencias. Permiten a los estudiantes interactuar directamente con sus tutores.

Ejemplos:

Wyzant: Conecta a estudiantes con tutores en múltiples materias, desde matemáticas hasta idiomas.

Chegg Tutors: Ofrece ayuda en tiempo real y también recursos como libros de texto y guías de estudio.

Plataformas de Cursos en Línea: Aunque no son exclusivamente de tutoría, muchas de estas plataformas incluyen secciones donde los estudiantes pueden recibir tutorías o asesoramiento.

Ejemplos:

Coursera: Ofrece cursos de universidades reconocidas y, en algunos casos, acceso a tutores.

Udemy: Permite a los instructores ofrecer cursos y algunos incluyen soporte personalizado.

Plataformas de Aprendizaje Colaborativo: Estas fomentan el aprendizaje entre pares, donde los estudiantes pueden ayudar a otros y recibir ayuda a cambio.

Ejemplos:

Khan Academy: Aunque se centra en lecciones pregrabadas, también ofrece foros donde los estudiantes pueden interactuar.

Studypool: Permite a los estudiantes hacer preguntas y recibir respuestas de otros estudiantes o tutores.

Plataformas Especializadas: Algunas plataformas se centran en áreas específicas del conocimiento, como la programación, música o idiomas.

Ejemplos:

Duolingo: Especializada en el aprendizaje de idiomas, ofrece ejercicios interactivos y la opción de conectarse con tutores.

Codecademy: Focalizada en la educación en programación, ofrece recursos y apoyo en el proceso de aprendizaje.

Beneficios de las Plataformas de Tutoría

Flexibilidad: Los estudiantes pueden elegir horarios que se adapten a sus rutinas, lo que facilita el aprendizaje.

Acceso Global: Permiten a los estudiantes acceder a expertos y recursos de cualquier parte del mundo.

Personalización: Muchos servicios ofrecen un aprendizaje adaptado a las necesidades individuales, ayudando a los estudiantes a avanzar a su propio ritmo.

Desafíos

Calidad Variable: La calidad de los tutores puede variar, lo que requiere que los estudiantes investiguen y elijan cuidadosamente.

Dependencia de la Tecnología: Requiere acceso a internet y dispositivos adecuados, lo que puede ser una barrera para algunos estudiantes.

En resumen, las plataformas de tutoría son una herramienta valiosa en el panorama educativo actual, ofreciendo diversas formas de apoyo académico y personalización en el aprendizaje. Con la amplia variedad disponible, los estudiantes tienen la oportunidad de encontrar la plataforma que mejor se adapte a sus necesidades.

Aplicaciones de inteligencia artificial que pueden beneficiar a los maestros en su labor educativa:

Plataformas de Aprendizaje Personalizado:

Knewton: Adapta el contenido educativo al nivel y estilo de aprendizaje de cada estudiante.

DreamBox: Ofrece matemáticas adaptativas para estudiantes.

Asistentes Virtuales:

Google Assistant: Ayuda a los maestros a organizar tareas y programar recordatorios.

Siri: Facilita la búsqueda de información y la gestión de horarios.

Herramientas de Evaluación:

Gradescope: Automáticamente califica y proporciona retroalimentación sobre trabajos y exámenes.

Turnitin: Verifica la originalidad de los trabajos y ayuda a enseñar sobre el plagio.

Análisis de Datos Educativos:

Civitas Learning: Analiza datos de estudiantes para mejorar la retención y el rendimiento académico.

Edmodo Insights: Proporciona análisis sobre el desempeño de los estudiantes.

Creación de Contenidos:

Canva: Genera materiales visuales atractivos utilizando IA.

Wiz Khalifa's Wiz Khalifa Academy: Ayuda a crear cursos interactivos.

Sistemas de Tutoría Inteligente:

IBM Watson Education: Ofrece apoyo personalizado a estudiantes mediante análisis de datos.

Squirrel AI: Brinda tutoría adaptativa en diversas materias.

Plataformas de Colaboración:

Microsoft Teams: Facilita la colaboración y comunicación entre maestros y estudiantes.

Slack: Permite la interacción y el intercambio de recursos educativos.

Juegos Educativos:

Kahoot!: Utiliza IA para crear cuestionarios interactivos y juegos de aprendizaje.

Prodigy Math: Un juego de matemáticas que se adapta al nivel del estudiante.

Automatización de Tareas Administrativas:

Zapier: Automatiza tareas repetitivas y conecta diferentes aplicaciones educativas.

Trello: Ayuda a organizar proyectos y tareas mediante tableros visuales.

Plataformas de Formación Docente:

Coursera: Ofrece cursos en línea sobre metodologías educativas y uso de tecnología en el salón de clases.

EdX: Proporciona formación continua para educadores en diversas áreas.

Aplicaciones de Lenguaje Natural:

Quillionz: Genera preguntas de opción múltiple a partir de contenido.

Grammarly: Mejora la escritura de los maestros y estudiantes mediante sugerencias inteligentes.

Realidad Aumentada y Virtual:

Google Expeditions: Permite a los maestros llevar a sus estudiantes en viajes virtuales.

zSpace: Ofrece experiencias de aprendizaje inmersivas mediante realidad aumentada.

Gestión del Salón de clases:

ClassDojo: Facilita la comunicación entre maestros y padres, y el seguimiento del comportamiento de los estudiantes.

Classcraft: Gamifica la gestión del salón de clases y promueve la participación activa.

Recursos de Enseñanza:

Khan Academy: Proporciona recursos educativos personalizados que se adaptan a las necesidades de los estudiantes.

Quizlet: Utiliza IA para ayudar a los estudiantes a estudiar y repasar materiales.

Herramientas de Inclusión:

Speechify: Convierte texto a voz para ayudar a estudiantes con dificultades de lectura.

Microsoft Immersive Reader: Mejora la accesibilidad de los materiales educativos.

Estas aplicaciones no solo ayudan a los maestros a mejorar su enseñanza, sino que también facilitan la personalización del aprendizaje para cada estudiante.

Aplicaciones y plataformas de inteligencia artificial que los maestros pueden utilizar para crear lecciones y exámenes:

Kahoot! - Plataforma de aprendizaje basada en juegos que permite crear cuestionarios interactivos.

Quizlet - Herramienta para crear tarjetas de estudio y exámenes, con opciones de juegos y pruebas.

Edmodo - Red social educativa que permite a los docentes crear lecciones y evaluar a los estudiantes.

Google Classroom - Herramienta que facilita la creación y gestión de clases, lecciones y tareas.

Nearpod - Plataforma que permite crear lecciones interactivas y exámenes en tiempo real.

Socrative - Herramienta para crear cuestionarios y evaluar a los estudiantes de manera instantánea.

Pear Deck - Plataforma que permite crear presentaciones interactivas que se pueden integrar con Google Slides.

Classcraft - Plataforma de gamificación que ayuda a crear experiencias de aprendizaje dinámicas.

Canva for Education - Herramienta de diseño que permite crear materiales visuales para lecciones y exámenes.

Quizizz - Plataforma para crear cuestionarios en línea que los estudiantes pueden completar a su propio ritmo.

Formative - Herramienta que permite a los docentes crear lecciones interactivas y evaluar el progreso en tiempo real.

Flipgrid - Plataforma de video donde los estudiantes pueden responder preguntas y crear contenido en video.

ChatGPT - Modelos de lenguaje que pueden ayudar a generar contenido educativo y preguntas de examen.

Scribblitt - Herramienta que permite a los estudiantes y maestros crear libros y lecciones personalizadas.

Wizer.me - Plataforma para crear lecciones interactivas con preguntas y multimedia.

Edpuzzle - Herramienta que permite a los maestros convertir videos en lecciones interactivas con preguntas.

H5P - Herramienta de creación de contenido interactivo que se puede integrar en plataformas de gestión del aprendizaje.

Moodle - Sistema de gestión de aprendizaje que permite a los docentes crear cursos, lecciones y evaluaciones.

Adobe Spark - Herramienta para crear gráficos, páginas web y videos educativos.

Gimkit - Plataforma de cuestionarios en línea que incluye elementos de juego y competencia.

Tynker - Plataforma para enseñar programación a estudiantes, que incluye lecciones y desafíos.

MindMeister - Herramienta de mapas mentales que permite a los maestros estructurar lecciones de manera visual.

Seesaw - Plataforma que permite a los estudiantes documentar su aprendizaje y a los maestros evaluar su progreso.

Plickers - Herramienta para realizar encuestas en tiempo real utilizando tarjetas de respuesta.

Kahoot! Academy - Una versión más avanzada de Kahoot! que ofrece recursos educativos y lecciones.

Estas herramientas pueden ayudar a los educadores a mejorar la interacción y el aprendizaje en el salón de clases, facilitando la creación de contenido educativo atractivo.

BENEFICIOS Y DESAFÍOS DE LA PERSONALIZACIÓN EN LA EDUCACIÓN

En un pequeño pueblo llamado Estrella, la educación había sido durante mucho tiempo un proceso tradicional. Las escuelas estaban llenas de estudiantes que, aunque tenían diferentes ritmos y estilos de aprendizaje, seguían un mismo camino predeterminado. Sin embargo, todo cambió cuando la escuela local introdujo un enfoque de aprendizaje personalizado. Este cambio trajo consigo tanto beneficios como desafíos que transformaron la experiencia educativa en Estrella.

La Promesa de la Personalización

Al principio, la comunidad educativa estaba llena de entusiasmo. Los maestros, emocionados por la idea de adaptar su enseñanza a las necesidades individuales de cada estudiante, comenzaron a implementar tecnologías que permitieran la personalización del aprendizaje. Plataformas digitales, aplicaciones interactivas y recursos educativos abiertos se convirtieron en herramientas diarias en el salón de clases.

Uno de los mayores beneficios de esta nueva metodología fue la motivación. Los estudiantes, al ver que su aprendizaje estaba diseñado específicamente para ellos, se sintieron más involucrados y comprometidos. Sofía, una estudiante que siempre había luchado con las matemáticas, comenzó a disfrutar de la materia. Gracias a un programa de tutoría adaptativa, pudo avanzar a su propio ritmo, dominando conceptos que antes le resultaban abrumadores. La personalización no solo mejoró su rendimiento académico, sino que también elevó su autoestima.

Otro beneficio significativo fue la inclusión. Con el aprendizaje personalizado, los maestros pudieron atender a estudiantes con diferentes capacidades y necesidades. Juan, un estudiante con dificultades de aprendizaje, encontró en el uso de tecnologías de asistencia una forma de participar activamente en clase. Los materiales fueron adaptados para que pudiera comprenderlos mejor, y, como resultado, su participación y entusiasmo por aprender aumentaron notablemente.

El Desafío de la Implementación

Sin embargo, no todo fue un camino de rosas. La implementación de la personalización también presentó desafíos considerables. Uno de los más destacados fue la capacitación de los maestros. Aunque muchos estaban dispuestos a adoptar nuevas herramientas, se dieron cuenta de que necesitaban formación adecuada para utilizarlas efectivamente. La falta de conocimientos técnicos en algunos docentes creó una brecha en la implementación del enfoque personalizado. Para solucionarlo, la escuela organizó talleres y sesiones de capacitación, lo que tomó tiempo y esfuerzo, pero fue crucial para el éxito del programa.

Otro desafío fue la resistencia al cambio. Algunos padres y maestros se mostraban escépticos sobre la efectividad de la personalización. Creían que un enfoque tradicional garantizaba un nivel de educación más estandarizado. Esta resistencia generó tensiones en la comunidad, y la dirección de la escuela tuvo que trabajar arduamente para comunicar los beneficios de la personalización y cómo podía coexistir con métodos más tradicionales.

La Búsqueda de Equilibrio

A medida que el tiempo avanzaba, la escuela de Estrella comenzó a encontrar un equilibrio entre la personalización y la estructura. Los maestros aprendieron a utilizar datos y análisis para identificar las necesidades de sus estudiantes y adaptar sus lecciones en consecuencia. Se realizaron reuniones regulares con padres y estudiantes para discutir los progresos y ajustar las estrategias de enseñanza.

Un aspecto crucial fue la integración de la retroalimentación continua. Los estudiantes se volvieron agentes activos en su propio aprendizaje, ofreciendo sus opiniones sobre lo que funcionaba y lo que no. Esto no solo ayudó a los maestros a ajustar sus métodos, sino que también empoderó a los estudiantes, dándoles voz en su proceso educativo.

Reflexiones Finales

A lo largo del año escolar, la comunidad de Estrella vio cómo la personalización transformó la enseñanza. Los estudiantes no solo estaban aprendiendo, sino que también estaban desarrollando habilidades críticas como la autorregulación y la colaboración. Sin embargo, el camino no estuvo exento de obstáculos. La personalización requería un compromiso continuo de todos los involucrados: maestros, estudiantes y padres.

La experiencia de Estrella es un reflejo de un fenómeno más amplio en la educación contemporánea. Si bien la personalización ofrece beneficios significativos, como mayor motivación, inclusión y un aprendizaje más efectivo, también plantea desafíos que requieren atención y esfuerzo. A medida que las escuelas de todo el mundo continúan explorando este enfoque, la historia de Estrella sirve como un recordatorio de que el cambio es posible, pero que la clave radica en la colaboración y el aprendizaje continuo.

En este contexto, la personalización en la educación se presenta no solo como una oportunidad para mejorar el aprendizaje, sino también como una invitación a repensar cómo se enseña y se aprende, adaptándose a un mundo en constante cambio. La búsqueda de un equilibrio entre la personalización y la estructura tradicional seguirá siendo un tema relevante en el futuro de la educación.

Te invito a sumergirte en el análisis de cada una de las plataformas mencionadas en este capítulo. Al hacerlo, tendrás la oportunidad de explorar sus características, funcionalidades y recursos únicos. Cada plataforma ofrece una experiencia educativa distinta, diseñada para satisfacer diversas necesidades de aprendizaje.

Al participar activamente en estas plataformas, podrás descubrir no solo las herramientas disponibles, sino también cómo pueden potenciar tu desarrollo académico y personal. Te animamos a experimentar con las diferentes opciones que cada una ofrece, para que puedas identificar las estrategias y métodos que mejor se adapten a tu estilo de aprendizaje y objetivos.

Esta exploración te permitirá maximizar tu potencial y aprovechar al máximo las oportunidades educativas que estas plataformas brindan.

CAPÍTULO 3: TUTORIZACIÓN VIRTUAL Y ASISTENTES DE APRENDIZAJE

Descripción de tutores virtuales y chatbots educativos.

Casos de éxito en el uso de tutores de IA.

Impacto en el aprendizaje autónomo y la resolución de problemas.

TUTORIZACIÓN VIRTUAL Y ASISTENTES DE APRENDIZAJE: UN NUEVO PARADIGMA EDUCATIVO

En la última década, la educación ha experimentado una transformación radical gracias a la tecnología. La tutorización virtual y los asistentes de aprendizaje han surgido como herramientas clave en este nuevo paradigma educativo, ofreciendo un enfoque flexible y personalizado que se adapta a las necesidades de los estudiantes contemporáneos. Este ensayo narrativo explora la evolución de la tutorización virtual, el impacto de los asistentes de aprendizaje y cómo juntos están redefiniendo el proceso educativo.

La Evolución de la Tutorización Virtual

La tutorización virtual no es un concepto nuevo, pero ha ganado prominencia con el auge de Internet y la expansión de la educación a distancia. En sus inicios, la tutorización se limitaba a foros y correos electrónicos, donde los estudiantes podían hacer preguntas a sus profesores o tutores. Sin embargo, a medida que las plataformas de aprendizaje en línea comenzaron a desarrollarse, la tutorización virtual evolucionó hacia un modelo más interactivo y dinámico.

Las primeras plataformas de educación en línea ofrecían materiales de estudio pregrabados, donde los estudiantes podían acceder a clases y recursos en cualquier momento. Sin embargo, esta modalidad carecía de la interacción necesaria para un aprendizaje profundo. Fue entonces cuando surgieron los tutores virtuales, profesionales capacitados que podían ofrecer apoyo en tiempo real. Utilizando herramientas de videoconferencia y chats en vivo, estos tutores comenzaron a proporcionar un nivel de atención más personalizado.

Con el tiempo, la tecnología continuó avanzando y la inteligencia artificial (IA) empezó a jugar un papel crucial en la tutorización virtual. Los sistemas de IA han permitido la creación de tutores virtuales que pueden interactuar con los estudiantes de manera natural, respondiendo preguntas y proporcionando retroalimentación instantánea. Esto ha eliminado muchas de las barreras que los estudiantes enfrentaban en el aprendizaje tradicional, permitiendo que cada individuo progrese a su propio ritmo.

Los Asistentes de Aprendizaje: Una Revolución en la Educación

Paralelamente a la evolución de la tutorización virtual, los asistentes de aprendizaje han emergido como herramientas esenciales en el ámbito educativo. Estos asistentes, que pueden ser tanto humanos como basados en IA, están diseñados para ayudar a los estudiantes a navegar por sus experiencias de aprendizaje. Desde la gestión del tiempo hasta la organización del material de estudio, los asistentes de aprendizaje ofrecen un soporte invaluable.

Los asistentes basados en IA, como los chatbots educativos, han revolucionado la forma en que los estudiantes acceden a la información. Estos sistemas son capaces de responder preguntas frecuentes, guiar a los estudiantes a través de tareas complejas y proporcionar recursos adicionales en función de las necesidades individuales. Por ejemplo, un estudiante que lucha con un concepto matemático específico puede interactuar con un asistente que les ofrece explicaciones, ejercicios adicionales y enlaces a videos explicativos.

Además, los asistentes de aprendizaje también pueden ayudar a los educadores a identificar patrones en el rendimiento de los estudiantes. Mediante el análisis de datos, los educadores pueden ver qué áreas necesitan atención y ajustar sus enfoques pedagógicos en consecuencia. Esto no solo mejora la experiencia de aprendizaje, sino que también ayuda a los educadores a ser más efectivos en su enseñanza.

La Sinergia de la Tutorización Virtual y los Asistentes de Aprendizaje

La verdadera magia ocurre cuando la tutorización virtual y los asistentes de aprendizaje se combinan. Juntos, crean un ecosistema educativo en el que los estudiantes no solo reciben información, sino que también son guiados y apoyados a lo largo de su viaje de aprendizaje. Este enfoque holístico permite que los estudiantes comprendan mejor los conceptos, apliquen lo que han aprendido y desarrollen habilidades críticas para el futuro.

Imaginemos un estudiante de secundaria que está aprendiendo sobre la Revolución Francesa. Utilizando una plataforma de aprendizaje en línea, accede a videos y lecturas sobre el tema. Si tiene preguntas, puede interactuar en tiempo real con un tutor virtual que le proporciona aclaraciones. Además, un asistente de aprendizaje está disponible para ayudarlo a organizar su tiempo de estudio y recordarle las fechas importantes para las tareas.

A medida que el estudiante avanza, el asistente de aprendizaje puede sugerir recursos adicionales basados en su progreso y áreas de dificultad. Al final del curso, el estudiante no solo ha adquirido conocimientos sobre la Revolución Francesa, sino que también ha desarrollado habilidades de gestión del tiempo y autoaprendizaje, preparándolo para futuras experiencias educativas.

Desafíos y Oportunidades

A pesar de los numerosos beneficios que ofrecen la tutorización virtual y los asistentes de aprendizaje, también existen desafíos. La dependencia de la tecnología puede crear brechas para aquellos que no tienen acceso a dispositivos o conexión a Internet. Además, la interacción humana, un aspecto crucial del aprendizaje, puede verse comprometida en entornos completamente virtuales.

Sin embargo, estos desafíos representan oportunidades para innovar y encontrar soluciones creativas que amplíen el alcance de la educación. Las instituciones educativas están comenzando a reconocer la importancia de equilibrar la tecnología con la interacción humana. Esto ha llevado a un enfoque híbrido donde las experiencias de aprendizaje en línea se combinan con sesiones presenciales, permitiendo que los estudiantes se beneficien de lo mejor de ambos mundos.

El Futuro de la Tutorización Virtual y los Asistentes de Aprendizaje

A medida que avanzamos hacia el futuro, es evidente que la tutorización virtual y los asistentes de aprendizaje continuarán evolucionando. La inteligencia artificial y el aprendizaje automático están en constante desarrollo, lo que significa que los tutores virtuales se volverán cada vez más sofisticados. Podrían ser capaces de personalizar el aprendizaje de manera aún más efectiva, adaptando el contenido y el estilo de enseñanza a las preferencias individuales de cada estudiante.

Además, la realidad aumentada (RA) y la realidad virtual (RV) están comenzando a integrarse en el ámbito educativo. Estas tecnologías ofrecen experiencias inmersivas que pueden enriquecer el proceso de aprendizaje. Imaginemos un estudiante que, en lugar de leer sobre la Revolución Francesa, puede "caminar" por una recreación virtual de París durante ese período. Este tipo de experiencia no solo hace que el aprendizaje sea más atractivo, sino que también ayuda a los estudiantes a conectar emocionalmente con el material.

La Importancia de la Formación Docente

A medida que la tutorización virtual y los asistentes de aprendizaje se convierten en componentes más centrales de la educación, la formación docente también debe adaptarse. Los educadores deben estar equipados con las habilidades y conocimientos necesarios para utilizar eficazmente estas herramientas. Esto implica no solo aprender a operar plataformas tecnológicas, sino también comprender cómo se puede utilizar la tecnología para mejorar la experiencia de aprendizaje y fomentar la participación de los estudiantes.

Las instituciones deben invertir en programas de formación continua para los educadores, asegurándose de que se sientan cómodos y competentes al integrar estas tecnologías en su enseñanza. Solo así podrán maximizar el potencial de la tutorización virtual y los asistentes de aprendizaje.

La tutorización virtual y los asistentes de aprendizaje han cambiado drásticamente la forma en que los estudiantes acceden a la educación y cómo interactúan con el contenido. Estos enfoques modernos no solo han democratizado el acceso al aprendizaje, sino que también han permitido que se personalice de manera efectiva, adaptándose a las necesidades individuales de cada estudiante.

A medida que la tecnología avanza, el futuro de la educación promete ser aún más emocionante y dinámico. Sin embargo, es crucial que este avance se realice de manera inclusiva, asegurando que todos los estudiantes, independientemente de su contexto, tengan la oportunidad de beneficiarse de estas innovaciones.

La combinación de tutorización virtual y asistentes de aprendizaje representa no solo una evolución en el ámbito educativo, sino una revolución que tiene el potencial de empoderar a las nuevas generaciones de aprendices. Con un enfoque equilibrado que incluya tanto la tecnología como la interacción humana, la educación puede convertirse en un viaje inspirador y transformador, donde cada estudiante tiene la oportunidad de brillar y alcanzar su máximo potencial.

DESCRIPCIÓN DE TUTORES VIRTUALES Y CHATBOTS EDUCATIVOS

En la era digital, la educación ha evolucionado hacia un modelo más interactivo y personalizado, donde la tecnología juega un papel crucial en la experiencia de aprendizaje. Entre las innovaciones más destacadas se encuentran los tutores virtuales y los chatbots educativos, herramientas que han transformado la forma en que los estudiantes acceden al conocimiento y reciben apoyo en su proceso educativo.

La Era del Tutor Virtual

Imaginemos a un estudiante, Juan, quien se encuentra en su habitación, rodeado de libros y hojas de ejercicios. A pesar de su esfuerzo, se siente abrumado por las materias y la cantidad de información que necesita asimilar. En un mundo donde el tiempo es limitado y las distracciones son constantes, Juan decide recurrir a un tutor virtual, una figura que ha ganado popularidad en los últimos años.

Los tutores virtuales son sistemas de inteligencia artificial diseñados para ofrecer asistencia personalizada a los estudiantes. A través de plataformas interactivas, estos tutores proporcionan ejercicios adaptativos, explicaciones detalladas y retroalimentación instantánea. A diferencia de un tutor humano, el tutor virtual está disponible las 24 horas del día, brindando apoyo en cualquier momento que el estudiante lo necesite.

Juan inicia sesión en la plataforma de su tutor virtual y es recibido por una interfaz amigable. Al ingresar, se le presenta un diagnóstico inicial que evalúa sus conocimientos y áreas de mejora en matemáticas. Con base en esta evaluación, el tutor elige un conjunto de ejercicios adaptados a su nivel de comprensión. A medida que Juan resuelve los problemas, el tutor analiza sus respuestas y ajusta la dificultad de los ejercicios en tiempo real, asegurándose de que siempre esté desafiado, pero no frustrado.

Una de las características más valiosas de los tutores virtuales es su capacidad de ofrecer explicaciones personalizadas. Cuando Juan se encuentra atascado en un concepto, el tutor utiliza recursos multimedia, como videos y gráficos, para ilustrar la solución. Esta diversidad de recursos ayuda a Juan a comprender mejor la materia y a mantener su interés. Además, a través de un sistema de seguimiento, el tutor virtual registra el progreso de Juan, ofreciendo informes detallados que destacan sus logros y áreas que requieren más atención.

La Revolución de los Chatbots Educativos

Paralelamente, los chatbots educativos han emergido como herramientas complementarias que enriquecen la experiencia de aprendizaje. Estos programas de inteligencia artificial están diseñados para interactuar con los estudiantes a través de conversaciones en lenguaje natural, simulando el diálogo humano. Los chatbots pueden ser utilizados en plataformas de aprendizaje, aplicaciones móviles o incluso a través de redes sociales.

Volviendo a Juan, un día decide que necesita aclarar algunas dudas sobre un tema específico antes de un examen. En lugar de esperar a que su profesor esté disponible, recurre a un chatbot educativo integrado en su plataforma de aprendizaje. Al iniciar la conversación, Juan formula su pregunta: "¿Cuál es la diferencia entre un triángulo equilátero y un triángulo isósceles?". En cuestión de segundos, el chatbot responde con una explicación clara y concisa, acompañada de ejemplos visuales.

Los chatbots educativos son especialmente valiosos porque ofrecen respuestas instantáneas, lo que permite a los estudiantes avanzar en su aprendizaje sin interrupciones. Además, su capacidad de recordar el historial de conversaciones permite una personalización en las interacciones. Cuando Juan vuelve a preguntar sobre un tema relacionado, el chatbot puede ofrecer información contextualizada, reforzando lo que ya ha aprendido.

Una de las grandes ventajas de los chatbots es su accesibilidad. Están disponibles en múltiples dispositivos y plataformas, lo que significa que Juan puede acceder a ellos desde su computadora, tablet o teléfono móvil. Esto le proporciona una flexibilidad que se adapta a su estilo de vida y le permite aprender en cualquier lugar y en cualquier momento.

La Sinergia entre Tutores Virtuales y Chatbots

La combinación de tutores virtuales y chatbots educativos representa una sinergia poderosa en el proceso de aprendizaje. Mientras que los tutores virtuales ofrecen un enfoque más estructurado y adaptativo, los chatbots proporcionan la inmediatez y la interacción necesaria para resolver dudas al instante. Juntos, crean un entorno de aprendizaje dinámico y accesible.

Imaginemos que Juan está estudiando para su examen final. Utiliza su tutor virtual para revisar los contenidos y practicar problemas, mientras que, simultáneamente, interactúa con el chatbot para aclarar dudas específicas que surgen durante su estudio. Esta dualidad le permite aprovechar al máximo su tiempo y recursos, aumentando su confianza y competencia en la materia.

Además, el uso de estas herramientas fomenta la autonomía en el aprendizaje. Juan se convierte en un aprendiz activo, capaz de tomar las riendas de su educación y buscar respuestas por sí mismo. Esto no solo mejora su rendimiento académico, sino que también le proporciona habilidades valiosas para su futuro.

La combinación de tutores virtuales y chatbots educativos representa una sinergia poderosa en el proceso de aprendizaje. Mientras que los tutores virtuales ofrecen un enfoque más estructurado y adaptativo, los chatbots proporcionan la inmediatez y la interacción necesaria para resolver dudas al instante. Juntos, crean un entorno de aprendizaje dinámico y accesible.

Imaginemos que Juan está estudiando para su examen final. Utiliza su tutor virtual para revisar los contenidos y practicar problemas, mientras que, simultáneamente, interactúa con el chatbot para aclarar dudas específicas que surgen durante su estudio. Esta dualidad le permite aprovechar al máximo su tiempo y recursos, aumentando su confianza y competencia en la materia.

Además, el uso de estas herramientas fomenta la autonomía en el aprendizaje. Juan se convierte en un aprendiz activo, capaz de tomar las riendas de su educación y buscar respuestas por sí mismo. Esto no solo mejora su rendimiento académico, sino que también le proporciona habilidades valiosas para su futuro, como la autogestión, el pensamiento crítico y la capacidad de resolver problemas de manera eficaz.

Impacto en la Educación Personalizada

Los tutores virtuales y los chatbots educativos están en el corazón de la educación personalizada. Al recopilar datos sobre el rendimiento de los estudiantes y su estilo de aprendizaje, estas herramientas pueden ofrecer experiencias adaptadas que se ajustan a las necesidades individuales. Esto es especialmente beneficioso en una escuela donde los estudiantes tienen diferentes niveles de habilidad y estilos de aprendizaje.

Por ejemplo, una clase de matemáticas puede tener estudiantes que dominan los conceptos básicos, mientras que otros luchan con ellos. Los tutores virtuales pueden identificar a aquellos que necesitan más apoyo y ofrecerles ejercicios adicionales, mientras que los chatbots pueden intervenir con recursos explicativos o ejercicios de práctica en el momento en que un estudiante se siente atascado.

Esto no solo mejora la comprensión del material, sino que también fomenta un sentido de pertenencia y apoyo en las escuelas.

El impacto de estas tecnologías también se extiende a los educadores. Los maestros pueden utilizar los datos recopilados por los tutores virtuales y chatbots para identificar áreas problemáticas en su enseñanza y ajustar su enfoque. Esto crea un ciclo de retroalimentación continua que beneficia tanto a estudiantes como a educadores, haciendo que el proceso de enseñanza-aprendizaje sea más efectivo y colaborativo.

Desafíos y Consideraciones Éticas

A pesar de los beneficios, la implementación de tutores virtuales y chatbots educativos no está exenta de desafíos. Uno de los principales obstáculos es la brecha digital. No todos los estudiantes tienen acceso a dispositivos y conexión a internet, lo que puede limitar la efectividad de estas herramientas. Es fundamental que las instituciones educativas y los gobiernos trabajen para garantizar que todos los estudiantes tengan acceso a la tecnología necesaria para beneficiarse de estas innovaciones.

Además, hay consideraciones éticas en torno al uso de datos. Los tutores virtuales y chatbots recopilan información sobre el rendimiento y las interacciones de los estudiantes, lo que plantea preguntas sobre la privacidad y la seguridad. Es crucial que las plataformas educativas implementen políticas claras y transparentes sobre el manejo de datos y que se adhieran a normativas de protección de datos para garantizar la confianza de los usuarios.

Otro desafío es la calidad del contenido proporcionado por estas herramientas. No todos los tutores virtuales y chatbots son iguales; la eficacia de estas tecnologías depende en gran medida de la calidad de la programación y el diseño pedagógico detrás de ellas. Las instituciones educativas deben ser selectivas al elegir las herramientas que implementan, asegurándose de que sean efectivas y estén alineadas con los objetivos de aprendizaje.

El Futuro de la Educación

A medida que la tecnología continúa avanzando, es probable que los tutores virtuales y chatbots educativos se vuelvan aún más sofisticados. Con el desarrollo de inteligencia artificial más avanzada, estas herramientas podrán ofrecer experiencias de aprendizaje más personalizadas y efectivas. La integración de tecnologías como la realidad aumentada y la realidad virtual también podría enriquecer la experiencia educativa, creando entornos de aprendizaje inmersivos que capturan la atención de los estudiantes.

Imaginar un futuro donde Juan, ahora un estudiante de secundaria utiliza un tutor virtual que no solo le ayuda con matemáticas, sino que también lo guía en proyectos de ciencias y le ofrece simulaciones de laboratorio en realidad virtual. Al mismo tiempo, un chatbot educativo está disponible para responder preguntas sobre cualquier tema en cualquier momento, brindando una experiencia de aprendizaje sin interrupciones.

En este futuro, los tutores virtuales y chatbots educativos no solo serán herramientas, sino compañeros de aprendizaje que acompañan a los estudiantes en cada paso de su viaje educativo. Con estas tecnologías, la educación se convertirá en un proceso más inclusivo, accesible y adaptado a las necesidades de cada estudiante, empoderando a las nuevas generaciones para que se conviertan en aprendices autónomos empoderando a las nuevas generaciones para que se conviertan en aprendices autónomos y críticos. Este cambio no solo transformará la forma en que se imparte la educación, sino que también redefinirá el rol de los educadores. En lugar de ser meros transmisores de conocimiento, los maestros se convertirán en guías y facilitadores, apoyando a los estudiantes en su viaje de descubrimiento y aprendizaje.

Integración en las escuelas

La incorporación de tutores virtuales y chatbots educativos en las escuelas tradicionales permitirá una mayor flexibilidad en la enseñanza. Los maestros podrán utilizar estas herramientas para complementar sus lecciones, proporcionando a los estudiantes recursos adicionales que se alineen con los temas tratados en clase. Esto fomentará un ambiente de aprendizaje más dinámico, donde los estudiantes pueden explorar conceptos de manera más profunda y a su propio ritmo.

Además, la posibilidad de utilizar estas tecnologías en grupos pequeños o en sesiones de tutoría individual permitirá a los educadores abordar las necesidades específicas de cada estudiante. Por ejemplo, un maestro puede asignar a los estudiantes que luchan con un concepto particular el uso de un tutor virtual para que practiquen más, mientras que otros pueden trabajar en proyectos grupales que integren la colaboración y el aprendizaje práctico.

Aprendizaje Inclusivo

Los tutores virtuales y chatbots educativos también ofrecen oportunidades para un aprendizaje más inclusivo. Estudiantes con discapacidades o necesidades especiales pueden beneficiarse enormemente de estas herramientas, que pueden personalizarse para adaptarse a sus requerimientos. Por ejemplo, un chatbot puede ofrecer opciones de accesibilidad, como texto a voz o explicaciones visuales, que facilitan la comprensión del contenido.

Además, las plataformas pueden incluir recursos multilingües, permitiendo que estudiantes de diferentes orígenes lingüísticos participen plenamente en el aprendizaje. Esto no solo enriquece la experiencia educativa, sino que también promueve un ambiente de respeto y diversidad.

Colaboración Global

La tecnología de tutores virtuales y chatbots también abre la puerta a la colaboración global. Estudiantes de diferentes partes del mundo pueden interactuar a través de plataformas educativas, compartiendo ideas y conocimientos. Imaginemos a Juan participando en un proyecto conjunto con estudiantes de otros países, utilizando un tutor virtual que les guía a través del proceso, mientras un chatbot responde preguntas en tiempo real. Esta experiencia no solo enriquece su aprendizaje, sino que también fomenta habilidades interculturales y una perspectiva global.

Desafíos Futuros y la Responsabilidad Educativa

Sin embargo, el camino hacia este futuro no está exento de desafíos. Es crucial que las instituciones educativas se preparen para la rápida evolución de la tecnología y la necesidad de formación continua para los educadores. Los maestros deben estar capacitados no solo para utilizar estas herramientas, sino también para integrarlas de manera efectiva en su enseñanza.

Además, se debe prestar atención a la equidad en el acceso a la tecnología. Las brechas digitales deben ser cerradas para garantizar que todos los estudiantes tengan las mismas oportunidades de aprendizaje. La colaboración entre gobiernos, empresas y comunidades será fundamental para crear un entorno educativo inclusivo y equitativo.

Conclusión

En resumen, los tutores virtuales y chatbots educativos están revolucionando la educación, ofreciendo oportunidades sin precedentes para el aprendizaje personalizado, inclusivo y colaborativo. A medida que estos sistemas continúan evolucionando, su integración en el entorno educativo se convertirá en una norma, transformando la experiencia de aprendizaje en una aventura más rica y dinámica.

Juan, que comenzó su viaje educativo sintiéndose abrumado, ahora es un estudiante empoderado y autónomo, capaz de navegar por los desafíos académicos con confianza y habilidad. Con el apoyo de tutores virtuales y chatbots, los estudiantes de hoy están mejor preparados para enfrentar los retos del mañana, equipados no solo con conocimientos, sino también con las habilidades necesarias para prosperar en un mundo en constante cambio.

Al mirar hacia el futuro, es evidente que la combinación de tecnología y educación tiene el potencial de cambiar vidas, fomentar el aprendizaje continuo y crear una sociedad más informada y conectada. El papel de los educadores, junto con la tecnología, será fundamental para guiar a las próximas generaciones hacia un futuro donde el aprendizaje nunca termina y las posibilidades son infinitas.

Algunos casos de éxito en el uso de tutores de inteligencia artificial (IA) en el ámbito educativo:

1. Knewton

Knewton es una plataforma que utiliza algoritmos de IA para personalizar la experiencia de aprendizaje. A través de su sistema adaptativo, Knewton analiza el rendimiento de los estudiantes y ajusta el contenido educativo a sus necesidades específicas. Instituciones como el sistema escolar de la ciudad de Nueva York han implementado Knewton para mejorar el aprendizaje en matemáticas, logrando un aumento significativo en las calificaciones de los estudiantes.

2. Squirrel AI

En China, Squirrel AI ha desarrollado un sistema de tutoría adaptativa que utiliza IA para identificar las fortalezas y debilidades de los estudiantes. Este sistema ofrece planes de estudio personalizados y ejercicios específicos, adaptándose en tiempo real a medida que el estudiante progresa. Los resultados han demostrado un aumento notable en la tasa de éxito académico, así como en la motivación de los alumnos.

3. Duolingo

Duolingo, una popular aplicación de aprendizaje de idiomas, utiliza IA para proporcionar un tutor virtual que adapta las lecciones según el progreso y el rendimiento del usuario. La plataforma utiliza análisis de datos para optimizar la experiencia de aprendizaje, lo que ha llevado a millones de usuarios a alcanzar sus metas lingüísticas de manera efectiva y divertida.

4. Carnegie Learning

Carnegie Learning ha implementado un sistema de tutoría basado en IA para la enseñanza de matemáticas. Su software, MATHia, ofrece retroalimentación instantánea y personalizada a los estudiantes, ayudándoles a comprender conceptos difíciles. Las escuelas que han adoptado esta tecnología han reportado un aumento en la comprensión de las matemáticas y en el rendimiento general de los estudiantes.

5. IBM Watson Education

IBM ha desarrollado Watson Education, que utiliza IA para ayudar a los educadores a personalizar el aprendizaje. A través de análisis de datos, Watson puede proporcionar información sobre el progreso de los estudiantes y sugerir intervenciones específicas. Este enfoque ha sido adoptado en varias instituciones, mejorando la eficacia de la enseñanza y la experiencia del estudiante.

6. Thinkster Math

Thinkster Math combina tutoría humana con tecnología de IA para ofrecer una experiencia de aprendizaje personalizada en matemáticas. La plataforma analiza el trabajo de los estudiantes y proporciona tutoría adaptativa, permitiendo a los educadores centrarse en áreas donde los alumnos necesitan más apoyo. Este enfoque ha demostrado mejorar el rendimiento y la confianza en las matemáticas.

7. Smart Sparrow

Smart Sparrow es una plataforma de aprendizaje adaptativo que permite a los educadores crear lecciones personalizadas con la ayuda de IA. Su sistema se adapta al estilo de aprendizaje de cada estudiante, proporcionando un entorno interactivo y atractivo. Las instituciones que han utilizado Smart Sparrow han observado un aumento en la participación y el éxito de los estudiantes.

Algunas de las plataformas previamente mencionadas han sido abordadas en detalle en el capítulo anterior, donde se ofreció una explicación más exhaustiva de sus características y funcionalidades. En esa sección, se exploraron no solo sus principales atributos, sino también cómo cada una se adapta a diferentes estilos de aprendizaje y necesidades educativas. Esta información proporciona un contexto valioso que facilita una comprensión más profunda de las herramientas disponibles y su aplicabilidad en el proceso de enseñanza-aprendizaje. A medida que avanzas en este texto, te invitamos a referirte a ese capítulo para obtener una visión más completa de las plataformas y considerar cómo pueden integrarse en tu propio camino educativo.

Estos casos de éxito destacan el potencial transformador de los tutores de IA en la educación, ofreciendo experiencias de aprendizaje personalizadas que pueden mejorar el rendimiento y la motivación de los estudiantes. La implementación cuidadosa de estas tecnologías puede llevar a un futuro educativo más inclusivo y efectivo.

Impacto en el Aprendizaje Autónomo y la Resolución de Problemas

En un mundo cada vez más interconectado y cambiante, el aprendizaje autónomo y la resolución de problemas se han convertido en habilidades fundamentales para el desarrollo personal y profesional. Este relato explora la vida de Clara, una joven que, enfrentada a desafíos académicos y personales, descubre el poder del aprendizaje autónomo y cómo este se entrelaza con la capacidad de resolver problemas de manera efectiva.

Clara siempre había sido una estudiante promedio. Sus calificaciones fluctuaban entre lo aceptable y lo mediocre, y a menudo se sentía abrumada por la cantidad de información que debía procesar. Sin embargo, un día, mientras revisaba su correo electrónico, encontró una invitación para un taller sobre aprendizaje autónomo. Intrigada, decidió inscribirse, sin saber que esa decisión cambiaría su vida.

El taller fue dirigido por un educador apasionado, quien presentó el concepto del aprendizaje autónomo como un camino hacia la autogestión y la responsabilidad. A través de dinámicas grupales y ejercicios prácticos, Clara comenzó a entender que el aprendizaje no era solo un proceso pasivo, sino una oportunidad para tomar las riendas de su educación. Fue en ese momento que se dio cuenta de que, para progresar, necesitaba adoptar un enfoque más proactivo.

Un aspecto clave del taller fue la identificación de problemas como oportunidades de aprendizaje. Clara aprendió a ver los obstáculos no como fracasos, sino como retos que podían ser superados con creatividad y perseverancia. Esto resonó profundamente en ella, ya que había lidiado con la ansiedad y la falta de motivación en su vida académica. Decidió aplicar esta nueva perspectiva a su próximo desafío: un proyecto de investigación sobre la contaminación del agua.

A medida que Clara se adentraba en el proyecto, se dio cuenta de que la información era vasta y, a veces, contradictoria. Sin embargo, en lugar de rendirse, utilizó las herramientas del aprendizaje autónomo que había adquirido. Estableció un plan de trabajo, dividió sus tareas en partes más manejables y buscó recursos más allá de su libro de texto. Aprendió a investigar en bases de datos académicas, a consultar expertos en la materia y a formar grupos de estudio con compañeros que compartían su interés.

El proceso no fue fácil. Clara enfrentó momentos de frustración y dudas. Sin embargo, cada obstáculo se convirtió en una lección. Aprendió a formular preguntas más incisivas, a analizar críticamente la información y a buscar soluciones creativas. Por ejemplo, al descubrir que su enfoque inicial sobre la contaminación del agua era demasiado amplio, decidió concentrarse en un caso específico en su comunidad. Esto no solo hizo su investigación más manejable, sino que también la conectó con su entorno, dándole un sentido de propósito.

A través de este proceso, Clara también comenzó a desarrollar habilidades de resolución de problemas. Se dio cuenta de que cada vez que se encontraba con un desafío, podía aplicar un enfoque sistemático: definir el problema, generar opciones, evaluar las alternativas y tomar decisiones. Esta metodología no solo le ayudó en su proyecto, sino que también se trasladó a otros aspectos de su vida. Desde la gestión de su tiempo hasta la relación con sus amigos y familiares, Clara se sentía más equipada para enfrentar las dificultades.

El impacto del aprendizaje autónomo en Clara fue profundo. Sus calificaciones mejoraron notablemente, pero más allá de los números, experimentó un crecimiento personal significativo. Se volvió más confiada y segura de sí misma. La sensación de empoderamiento que le brindó el aprendizaje autónomo se tradujo en una mayor motivación para seguir explorando nuevas áreas de conocimiento y habilidades.

Un año después de su primera experiencia en el taller, Clara decidió convertirse en voluntaria para enseñar a otros estudiantes sobre aprendizaje autónomo y resolución de problemas. A través de esta labor, no solo reforzó su propio aprendizaje, sino que también inspiró a otros a tomar el control de su educación. Observó cómo sus compañeros, al igual que ella, comenzaban a ver los problemas como oportunidades y a desarrollar un enfoque más proactivo hacia sus estudios.

El viaje de Clara es un testimonio del impacto que el aprendizaje autónomo y la resolución de problemas pueden tener en la vida de una persona. En un mundo en constante cambio, donde la información y los desafíos son abundantes, la capacidad de aprender de manera independiente y resolver problemas se convierte en una herramienta invaluable. Clara no solo transformó su propio camino académico, sino que también sembró las semillas del cambio en su comunidad, demostrando que el aprendizaje es un viaje continuo y que cada desafío es una oportunidad para crecer.

A medida que avanza en su vida, Clara sigue recordando las lecciones aprendidas. La educación no termina en las escuelas; es un proceso que se extiende a lo largo de toda la vida. Con cada nuevo reto, Clara aplica sus habilidades de aprendizaje autónomo y resolución de problemas, enfrentando el mundo con una curiosidad renovada y un enfoque resolutivo. Su historia se convierte en un reflejo de cómo el aprendizaje autónomo no solo transforma a un individuo, sino que tiene el potencial de impactar a toda una comunidad.

A medida que Clara se adentra en su carrera universitaria, el conocimiento adquirido en el taller se convierte en su brújula. En sus clases, se da cuenta de que muchos de sus compañeros aún dependen de métodos tradicionales de estudio y están perdidos ante la complejidad de las materias. Fue entonces cuando decidió organizar sesiones de estudio grupales donde pudiera compartir las estrategias que había aprendido. Con cada encuentro, Clara notó cómo sus compañeros comenzaban a adoptar un enfoque más activo en su aprendizaje. Empezaron a cuestionar las lecturas, a proponer ideas y a colaborar en la resolución de problemas.

Un día, al preparar una presentación sobre el cambio climático, Clara se encontró con un nuevo desafío. La complejidad del tema y la cantidad de datos contradictorios la hicieron dudar. Sin embargo, en vez de sentirse abrumada, recordó el enfoque sistemático que había practicado. Se sentó, tomó una hoja de papel y escribió: 1. Definir el problema; 2. Investigar; 3. Crear un plan. Al seguir estos pasos, no solo logró estructurar su presentación de manera efectiva, sino que también se sintió más segura al hablar sobre un tema que inicialmente le parecía intimidante.

Con el tiempo, Clara se convirtió en un modelo a seguir en su universidad. Sus profesores comenzaron a invitarla a participar en paneles de discusión sobre aprendizaje y pedagogía. En estas ocasiones, Clara compartía su viaje personal, enfatizando la importancia del aprendizaje autónomo y la resolución de problemas como habilidades esenciales. Su pasión por el tema resonaba con muchos, y pronto se formaron grupos de estudiantes interesados en explorar estas ideas en profundidad.

Un impacto inesperado de su labor fue la creación de un programa de mentoría en la universidad, donde estudiantes más avanzados ayudaban a los de primer año a desarrollar habilidades de aprendizaje autónomo. Clara se convirtió en una de las mentoras más solicitadas, guiando a otros a través de los desafíos que ella misma había enfrentado. El programa no solo fomentó un ambiente de colaboración, sino que también cultivó un sentido de comunidad entre los estudiantes, lo que a su vez mejoró su rendimiento académico.

Al mismo tiempo, Clara comenzó a reflexionar sobre cómo el aprendizaje autónomo podría aplicarse en el ámbito profesional. Se interesó por el emprendimiento y, con la experiencia acumulada, decidió lanzar su propio proyecto: una plataforma en línea destinada a ayudar a estudiantes a desarrollar habilidades de aprendizaje autónomo y resolución de problemas. La plataforma incluía recursos interactivos, foros de discusión y módulos de formación que empoderaban a los usuarios para que tomaran el control de su propio aprendizaje.

Con este nuevo proyecto, Clara se enfrentó a una serie de desafíos que pusieron a prueba sus habilidades de resolución de problemas. Desde la creación del contenido hasta la promoción de la plataforma, cada paso requería investigación, creatividad y una capacidad constante para adaptarse a los cambios. Sin embargo, Clara se sintió más que capaz de enfrentar estos retos, ya que había aprendido a ver cada obstáculo como una oportunidad para innovar.

Con el tiempo, su plataforma ganó popularidad, y Clara comenzó a recibir testimonios de estudiantes que habían experimentado una transformación similar a la suya. Los relatos de cómo el aprendizaje autónomo les había permitido superar dificultades académicas y personales le llenaron de orgullo. Clara no solo había cambiado su vida; había ayudado a otros a transformar la suya.

A medida que Clara avanzaba en su carrera y sus proyectos, nunca perdió de vista la importancia del aprendizaje continuo. Se inscribió en cursos sobre nuevas tecnologías y metodologías educativas, siempre buscando formas de mejorar y expandir su enfoque. Comprendió que el aprendizaje autónomo no era un destino, sino un viaje que requería compromiso y apertura ante el cambio.

Clara también comenzó a participar en conferencias y seminarios donde podía compartir su experiencia y aprender de otros expertos en el campo. Cada interacción le brindaba nuevas ideas y perspectivas que enriquecían su propio enfoque. La red de contactos que fue construyendo no solo le ayudó a crecer profesionalmente, sino que también fomentó un intercambio constante de conocimientos sobre cómo mejorar el aprendizaje autónomo y la resolución de problemas en diferentes contextos.

En su vida personal, Clara aplicó las mismas estrategias que había enseñado y practicado. Al enfrentar desafíos en sus relaciones o en su bienestar emocional, se permitió analizar la situación, buscar soluciones y actuar con confianza. Este enfoque le permitió mantener un equilibrio saludable entre su vida personal y profesional, algo que consideraba esencial para su bienestar.

La historia de Clara ilustra el profundo impacto que el aprendizaje autónomo y la resolución de problemas pueden tener en la vida de una persona.

LA INTELIGENCIA ARTIFICIAL OFRECE A LOS EDUCADORES HERRAMIENTAS PARA PERSONALIZAR EL APRENDIZAJE Y REDUCIR CARGAS ADMINISTRATIVAS. SIN EMBARGO, ES VITAL USARLA DE MANERA ÉTICA Y CRÍTICA, CONSIDERANDO SUS LIMITACIONES Y EL SESGO POTENCIAL. SU INTEGRACIÓN DEBE CENTRARSE EN EL BIENESTAR DE LOS ESTUDIANTES, PROMOVIENDO UN APRENDIZAJE MÁS EFECTIVO Y ACCESIBLE.

CAPÍTULO 4: ANÁLISIS DE DATOS EDUCATIVOS

Introducción al análisis de datos en el ámbito educativo.

Métodos de recopilación y análisis de datos utilizando IA.

Cómo los datos pueden ayudar a mejorar el rendimiento académico y las estrategias de enseñanza.

INTRODUCCIÓN AL ANÁLISIS DE DATOS EN EL ÁMBITO EDUCATIVO CON LA INTELIGENCIA ARTIFICIAL

En un mundo cada vez más digitalizado, el ámbito educativo no es ajeno a la revolución de los datos. La incorporación de la inteligencia artificial (IA) en el análisis de datos educativos ha transformado la manera en que las instituciones comprenden el rendimiento de los estudiantes, optimizan los procesos de enseñanza y mejoran la experiencia educativa en general. Para ilustrar este cambio paradigmático, exploraremos la historia de Alejandro, un docente que se embarca en un viaje de descubrimiento, utilizando la IA y el análisis de datos para transformar la escuela y potenciar el aprendizaje de sus estudiantes.

Alejandro era un profesor de matemáticas en una escuela secundaria que, a pesar de su dedicación y pasión por la enseñanza, sentía que sus métodos tradicionales no estaban logrando el impacto que deseaba. Observaba con preocupación cómo algunos de sus alumnos luchaban por comprender conceptos básicos, mientras que otros se aburrían con el ritmo de las clases. Cansado de utilizar enfoques que parecían no funcionar para todos, decidió investigar nuevas técnicas que pudieran ayudarlo a entender mejor las necesidades individuales de sus estudiantes.

Fue entonces cuando Alejandro se topó con un seminario sobre análisis de datos educativos y el uso de inteligencia artificial. Intrigado, se inscribió en el curso, donde aprendió sobre cómo la recopilación y el análisis de datos podían ofrecer insights valiosos sobre el rendimiento y el comportamiento de los estudiantes. El seminario abordó conceptos como el aprendizaje adaptativo, la analítica predictiva y el análisis de datos en tiempo real, todos ellos herramientas poderosas para personalizar la educación.

El primer paso de Alejandro fue implementar un sistema de recopilación de datos en su escuela. Comenzó a utilizar una plataforma educativa que permitía a los estudiantes realizar quizzes y actividades en línea. Cada respuesta, cada clic y cada minuto que pasaban en la plataforma se convertía en un dato que podría ser analizado. A medida que los estudiantes interactuaban con el contenido, se generaban reportes automáticos que mostraban patrones de rendimiento y áreas de mejora.

Con la ayuda de un software de inteligencia artificial, Alejandro pudo analizar estos datos de manera más eficiente. La IA podía identificar tendencias que a simple vista podrían pasar desapercibidas: ciertos alumnos tenían dificultades con problemas de geometría, mientras que otros destacaban en álgebra. Esta información era invaluable; le permitió adaptar su enfoque de enseñanza, centrándose en las áreas donde sus estudiantes necesitaban más apoyo.

A medida que la implementación del análisis de datos avanzaba, Alejandro decidió realizar una evaluación más profunda de su escuela. Comenzó a clasificar a sus estudiantes en grupos basados en sus habilidades y necesidades. Utilizando algoritmos de agrupamiento, la IA ayudó a identificar grupos de estudiantes con habilidades similares, lo que le permitió crear actividades personalizadas. Un grupo podría trabajar en ejercicios de geometría con un enfoque práctico, mientras que otro podría abordar problemas de álgebra con desafíos más complejos.

Los resultados fueron sorprendentes. Los estudiantes respondieron positivamente a la personalización de sus tareas, sintiéndose más comprometidos y motivados. Alejandro notó que aquellos que antes luchaban por mantenerse al día comenzaron a mostrar mejoras significativas en sus calificaciones. El análisis de datos no solo proporcionó información sobre el rendimiento académico, sino que también ayudó a identificar factores emocionales y sociales que influían en el aprendizaje. La IA podía detectar patrones en la participación de los estudiantes, permitiendo a Alejandro abordar problemas de desmotivación o ansiedad antes de que se convirtieran en obstáculos insuperables.

Sin embargo, Alejandro también se dio cuenta de que el análisis de datos educativos no era solo una herramienta para mejorar el rendimiento académico. A través de la recopilación de datos sobre la interacción de los estudiantes con el material, pudo entender mejor cómo aprendían. Esto no solo le permitió adaptar su enseñanza, sino que también fomentó un ambiente de aprendizaje más inclusivo, donde cada estudiante se sentía valorado y comprendido.

En este viaje de descubrimiento, Alejandro también se encontró con desafíos éticos relacionados con la recopilación y el uso de datos. Se plantearon preguntas sobre la privacidad de los estudiantes y la forma en que se utilizarían los datos recopilados. Consciente de estas preocupaciones, Alejandro se comprometió a utilizar la información de manera responsable, garantizando que el bienestar de sus estudiantes siempre estuviera en primer lugar.

Con el tiempo, Alejandro se convirtió en un defensor del análisis de datos en la educación, compartiendo sus hallazgos y experiencias con sus colegas. Organizó talleres en su escuela para enseñar a otros docentes sobre las herramientas de IA disponibles y cómo podían aplicarlas en sus propias escuelas. A medida que más educadores comenzaron a utilizar análisis de datos, la cultura escolar se transformó. La colaboración y el intercambio de información entre profesores se volvieron comunes, fomentando un enfoque más centrado en el estudiante.

MÉTODOS DE RECOPILACIÓN Y ANÁLISIS DE DATOS UTILIZANDO IA

En la era digital actual, la cantidad de datos generados es asombrosamente vasta. Desde las interacciones en redes sociales hasta las transacciones comerciales, cada clic y cada movimiento de un usuario se traduce en un flujo interminable de información. En este contexto, la inteligencia artificial (IA) ha emergido como una herramienta crucial para la recopilación y el análisis de datos, transformando la forma en que las organizaciones entienden su entorno y toman decisiones estratégicas.

La Recopilación de Datos: Un Nuevo Paradigma

La recopilación de datos ha evolucionado significativamente con la llegada de la IA. Tradicionalmente, las empresas dependían de métodos manuales y encuestas para obtener información sobre sus clientes. Sin embargo, estos métodos eran a menudo lentos, costosos y limitados en alcance. Hoy en día, la IA permite a las organizaciones emplear una variedad de métodos automatizados para recopilar datos en tiempo real.

Uno de los métodos más destacados es el web scraping, que utiliza algoritmos de IA para extraer información de sitios web. Esta técnica es particularmente útil para recoger datos de la competencia, tendencias del mercado o incluso para monitorear opiniones de consumidores en diversas plataformas. Las herramientas de web scraping pueden analizar grandes volúmenes de información de manera rápida y eficiente, proporcionando a las empresas un panorama claro de su entorno competitivo.

Otra técnica clave es el uso de sensores y dispositivos IoT (Internet de las cosas). Estos dispositivos recopilan datos en tiempo real sobre diversas variables, desde el comportamiento del consumidor hasta el estado de la maquinaria en una fábrica. La IA analiza estos datos para detectar patrones y anomalías, lo que permite a las empresas tomar decisiones informadas y optimizar sus operaciones.

Por último, las encuestas automatizadas impulsadas por IA se han vuelto cada vez más comunes. A través del aprendizaje automático, estas encuestas pueden adaptarse en tiempo real a las respuestas de los encuestados, lo que mejora la calidad de los datos recopilados y permite un análisis más profundo.

Análisis de Datos: La Magia de la IA

Una vez que se han recopilado los datos, el siguiente paso es el análisis, y aquí es donde la inteligencia artificial realmente brilla. Las técnicas de análisis de datos impulsadas por IA no solo permiten procesar grandes volúmenes de información, sino que también pueden extraer insights valiosos que serían prácticamente imposibles de identificar a través de métodos tradicionales.

El análisis predictivo es uno de los enfoques más utilizados. Mediante algoritmos de aprendizaje automático, las organizaciones pueden predecir tendencias futuras basándose en datos históricos. Por ejemplo, en el sector retail, las empresas pueden anticipar la demanda de productos y optimizar sus inventarios, lo que resulta en una reducción de costos y un aumento de la satisfacción del cliente.

Además, la minería de datos permite descubrir patrones ocultos en grandes conjuntos de datos. Utilizando técnicas como la agrupación y la clasificación, la IA puede segmentar a los clientes en grupos específicos, facilitando la creación de campañas de marketing personalizadas que resuenen con las necesidades y deseos de cada segmento.

Otro método poderoso es el análisis de sentimientos. Este enfoque utiliza procesamiento de lenguaje natural (NLP) para evaluar las opiniones de los consumidores expresadas en redes sociales, reseñas y comentarios. Al comprender la percepción del cliente, las empresas pueden ajustar sus estrategias de producto y marketing para alinearse mejor con las expectativas del mercado.

Desafíos y Consideraciones Éticas

A pesar de sus numerosas ventajas, la recopilación y análisis de datos mediante IA también presenta desafíos. Uno de los principales es la privacidad de los datos. A medida que las organizaciones recopilan más información sobre los individuos, surge la preocupación sobre cómo se almacenan, procesan y utilizan esos datos. Las regulaciones como el GDPR en Europa han establecido pautas estrictas sobre la recolección y el uso de datos personales, lo que obliga a las empresas a ser más transparentes en sus prácticas.

.

La recopilación de información personal sobre estudiantes requiere un manejo cuidadoso y ético. Las instituciones educativas deben asegurarse de cumplir con regulaciones como la Ley de Protección de la Privacidad de los Estudiantes (FERPA) en Estados Unidos y otras normativas internacionales que protegen la información personal de los estudiantes.

Además, el sesgo algorítmico es un problema significativo que puede surgir durante el análisis de datos. Si los datos utilizados para entrenar a los modelos de IA están sesgados, los resultados también lo estarán. Esto puede llevar a decisiones injustas o inexactas, lo que subraya la importancia de implementar prácticas de auditoría y validación de datos.

El costo de implementación de soluciones de IA puede ser una barrera para muchas organizaciones, especialmente para las más pequeñas. Sin embargo, a medida que la tecnología avanza y se vuelve más accesible, se espera que más empresas puedan aprovechar estos métodos.

Por último, la resistencia al cambio es un desafío común en la implementación de nuevas tecnologías en el ámbito educativo. Educadores y administradores pueden ser reacios a adoptar métodos basados en IA debido a la falta de familiaridad o temor a la complejidad de estas herramientas. La formación y el desarrollo profesional son esenciales para ayudar a los educadores a comprender y utilizar efectivamente estas tecnologías.

El Futuro de la Recopilación y Análisis de Datos

A medida que la inteligencia artificial continúa evolucionando, se anticipa que los métodos de recopilación y análisis de datos se volverán aún más sofisticados.

MÉTODOS DE RECOPILACIÓN Y ANÁLISIS DE DATOS UTILIZANDO IA EN LA EDUCACIÓN

En la última década, la educación ha experimentado una transformación radical gracias al avance de la tecnología, y la inteligencia artificial (IA) se ha convertido en un pilar fundamental en este proceso. Con un enfoque en la personalización del aprendizaje y la mejora de los resultados educativos, los métodos de recopilación y análisis de datos mediante IA están revolucionando cómo se enseña y se aprende en las escuelas de hoy.

La Recopilación de Datos en el Ámbito Educativo

La recopilación de datos en el ámbito educativo ha evolucionado significativamente. Tradicionalmente, las evaluaciones y encuestas eran las principales fuentes de datos sobre el rendimiento y las necesidades de los estudiantes. Sin embargo, estos métodos no siempre reflejaban con precisión el progreso individual ni las áreas en las que los estudiantes necesitaban apoyo adicional.

Con la IA, las instituciones educativas ahora pueden aprovechar una variedad de métodos para recopilar datos de manera más efectiva. Uno de los métodos más destacados es el análisis del comportamiento en línea. Las plataformas de aprendizaje en línea pueden rastrear las interacciones de los estudiantes, como el tiempo dedicado a ciertas actividades, las tareas completadas y las áreas donde los estudiantes se detienen o se sienten frustrados. Esta recopilación de datos en tiempo real permite a los educadores obtener una visión más clara del aprendizaje individual y colectivo.

Además, el uso de sistemas de gestión del aprendizaje (LMS) facilita la recopilación de datos sobre el rendimiento académico. Los LMS pueden integrarse con herramientas de evaluación que permiten la recopilación automatizada de calificaciones y retroalimentación, proporcionando un panorama integral del progreso de los estudiantes. A través de estos sistemas, es posible identificar patrones de comportamiento que indiquen áreas donde se necesita intervención.

Por último, la implementación de encuestas automatizadas y cuestionarios adaptativos también se ha vuelto común. Mediante algoritmos de IA, estas encuestas pueden adaptarse a las respuestas de los estudiantes, lo que permite recoger datos más precisos sobre sus experiencias y necesidades educativas.

CÓMO LOS DATOS BASADOS EN LA IA PUEDEN MEJORAR EL RENDIMIENTO ACADÉMICO Y LAS ESTRATEGIAS DE ENSEÑANZA

En un mundo cada vez más digitalizado, la educación no se queda atrás. Las tecnologías emergentes, especialmente la inteligencia artificial (IA), están revolucionando la manera en que se enseñan y se aprenden las materias en las escuelas. A medida que los datos se vuelven más accesibles y potentes, surge una oportunidad sin precedentes para personalizar la educación y mejorar el rendimiento académico de los estudiantes. Este relato explorará cómo la IA y los datos pueden transformar la educación, desde la identificación de necesidades individuales hasta la optimización de métodos de enseñanza.

La Era de la Información: Un Nuevo Paradigma Educativo

Imaginemos un salón de clases llena de estudiantes, cada uno con su propio ritmo de aprendizaje, sus intereses y sus desafíos. Durante años, el enfoque tradicional de la educación ha sido uno de talla única, donde un solo método de enseñanza se aplica a todos. Sin embargo, con la llegada de la IA, este paradigma está cambiando. La capacidad de recopilar y analizar grandes volúmenes de datos permite a los educadores comprender mejor a sus estudiantes y adaptar las estrategias de enseñanza a sus necesidades específicas.

Identificación de Patrones de Aprendizaje

Uno de los aspectos más fascinantes de la IA es su capacidad para identificar patrones. A través de algoritmos avanzados, los sistemas pueden analizar el rendimiento académico de cada estudiante, desde sus calificaciones hasta sus interacciones en plataformas educativas. Por ejemplo, plataformas de aprendizaje adaptativo utilizan estos datos para crear perfiles de estudiantes que revelan fortalezas y debilidades. Esto significa que un estudiante que lucha con matemáticas puede recibir más ejercicios en esa área, mientras que otro que sobresale en literatura puede ser desafiado con tareas más complejas.

Personalización del Aprendizaje

La personalización es una de las ventajas más significativas que ofrece la IA en el ámbito educativo. Gracias a los datos, los educadores pueden diseñar experiencias de aprendizaje personalizadas que se alineen con las preferencias y necesidades de cada estudiante. Por ejemplo, un estudiante que aprende mejor a través de la visualización puede beneficiarse de recursos multimedia interactivos, mientras que otro que prefiere el aprendizaje basado en la lectura puede recibir materiales escritos más detallados. Esta personalización no solo mejora el rendimiento académico, sino que también aumenta la motivación y el compromiso de los estudiantes.

Retroalimentación Inmediata

La retroalimentación es esencial para el aprendizaje efectivo. Con el uso de herramientas basadas en IA, los estudiantes pueden recibir retroalimentación casi instantánea sobre su desempeño. Esto es particularmente útil en plataformas de aprendizaje en línea, donde los estudiantes pueden completar ejercicios y recibir calificaciones automáticas en tiempo real. Esta inmediatez permite a los estudiantes identificar sus errores y corregirlos de inmediato, lo que resulta en un aprendizaje más efectivo y en la consolidación de conceptos.

Estrategias de Enseñanza Basadas en Datos

Los educadores también pueden beneficiarse del análisis de datos para mejorar sus estrategias de enseñanza. Al monitorear el rendimiento de la clase en su conjunto, los docentes pueden identificar qué métodos funcionan y cuáles no. Por ejemplo, si un grupo de estudiantes muestra dificultades en un tema específico, el docente puede ajustar su enfoque, quizás incorporando más ejemplos prácticos o utilizando diferentes recursos didácticos. Esta capacidad de adaptación es crucial en un entorno educativo diverso, donde cada grupo de estudiantes tiene sus propias dinámicas.

Predicción de Éxitos y Desafíos

La IA no solo ayuda a mejorar el rendimiento académico en el presente, sino que también permite hacer predicciones sobre el futuro. A través del análisis predictivo, los sistemas pueden identificar a los estudiantes que podrían estar en riesgo de fracasar. Con esta información, las instituciones educativas pueden implementar intervenciones tempranas, como tutorías personalizadas o programas de apoyo, que pueden marcar la diferencia en el rendimiento académico de un estudiante. Este enfoque proactivo es fundamental para garantizar que todos los estudiantes tengan la oportunidad de tener éxito.

Creación de Comunidades de Aprendizaje

La IA también puede fomentar la creación de comunidades de aprendizaje. Al analizar los intereses y habilidades de los estudiantes, las plataformas educativas pueden conectar a aquellos con intereses similares o complementarios. Esto no solo enriquece la experiencia de aprendizaje, sino que también promueve la colaboración y el trabajo en equipo, habilidades esenciales en el mundo actual. A través de proyectos grupales y discusiones en línea, los estudiantes pueden aprender unos de otros, desarrollando no solo su conocimiento académico, sino también competencias sociales.

Desafíos y Consideraciones Éticas

Sin embargo, a pesar de las numerosas ventajas que presenta la IA en la educación, también es crucial considerar los desafíos y las implicaciones éticas. La privacidad de los datos, la equidad en el acceso a la tecnología y el riesgo de dependencia excesiva de los algoritmos son cuestiones que deben abordarse con seriedad y responsabilidad. La recopilación de datos sobre estudiantes debe hacerse con el consentimiento informado y en cumplimiento de las regulaciones de privacidad. Es esencial que las instituciones educativas manejen estos datos de manera ética, garantizando que se utilicen únicamente para mejorar la experiencia educativa y no para fines comerciales o de vigilancia.

Además, la brecha digital es una preocupación significativa. No todos los estudiantes tienen igual acceso a la tecnología necesaria para beneficiarse de estas innovaciones. Las instituciones deben trabajar para asegurar que todos los estudiantes, independientemente de su contexto socioeconómico, tengan acceso a las herramientas necesarias para aprovechar los beneficios de la IA en la educación. Este esfuerzo es fundamental para garantizar que la tecnología sirva como un puente y no como una barrera.

El Futuro de la Educación Impulsada por la IA

La convergencia de la educación y la IA promete un futuro emocionante y transformador. A medida que las instituciones continúan adoptando estas tecnologías, es probable que veamos un cambio significativo en la forma en que se enseñan y aprenden las materias. Los educadores del futuro no solo serán transmisores de conocimiento, sino también guías y facilitadores en un entorno educativo altamente personalizado.

Imaginemos un salón de clases donde los estudiantes trabajan en proyectos colaborativos, apoyados por herramientas de IA que les sugieren recursos, les permiten realizar autoevaluaciones y les brindan retroalimentación instantánea. Los docentes, por su parte, actuarán como mentores, utilizando los datos recopilados para identificar tendencias y ajustar sus métodos de enseñanza en tiempo real. Este entorno dinámico no solo aumentará el rendimiento académico, sino que también cultivará habilidades críticas, como el pensamiento crítico, la resolución de problemas y la adaptabilidad.

El uso de datos basados en IA en la educación representa una revolución en la forma en que se aborda el aprendizaje y la enseñanza. Con la capacidad de personalizar la experiencia educativa, ofrecer retroalimentación inmediata y prever desafíos, la IA se posiciona como una herramienta poderosa para mejorar el rendimiento académico. Sin embargo, es crucial que se aborden los desafíos éticos y de equidad asociados con su implementación. Al hacerlo, podemos garantizar que todos los estudiantes tengan acceso a una educación de calidad que no solo los prepare para el éxito académico, sino que también les permita prosperar en un mundo en constante cambio.

CAPÍTULO 5: AUTOMATIZACIÓN DE TAREAS ADMINISTRATIVAS

Ejemplos de tareas administrativas que se pueden automatizar con IA.

Beneficios para educadores y administradores.

Consideraciones éticas y de privacidad en la automatización.

EJEMPLOS DE TAREAS ADMINISTRATIVAS EN LA EDUCACIÓN QUE SE PUEDEN AUTOMATIZAR CON IA

La inteligencia artificial (IA) ha revolucionado diversos sectores, y la educación no es la excepción. La automatización de tareas administrativas mediante IA no solo optimiza los procesos, sino que también libera tiempo para que los educadores se concentren en lo que realmente importa: la enseñanza y el aprendizaje. A continuación, se presentan varios ejemplos de tareas administrativas en el ámbito educativo que pueden ser automatizadas con la ayuda de la IA.

1. Gestión de Inscripciones y Matrículas

Uno de los procesos más tediosos en las instituciones educativas es la gestión de inscripciones y matrículas. Las plataformas de IA pueden automatizar la recolección de datos de los estudiantes, verificar la documentación necesaria y procesar las inscripciones. Esto se traduce en un sistema más eficiente, con menos errores y un tiempo de respuesta más rápido para los estudiantes.

2. Programación de Clases y Horarios

La creación de horarios de clases puede ser un desafío logístico, especialmente en instituciones con múltiples programas y recursos limitados. Los sistemas de IA pueden analizar la disponibilidad de salón de clases, profesores y estudiantes para generar automáticamente horarios que maximicen el uso de recursos y minimicen conflictos.

3. Evaluación Automática de Exámenes

La corrección de exámenes, especialmente en grandes grupos, puede ser una tarea monumental para los educadores. Los sistemas de IA pueden automatizar la evaluación de pruebas de opción múltiple y, en algunos casos, incluso exámenes escritos mediante técnicas de procesamiento de lenguaje natural (NLP). Esto no solo ahorra tiempo, sino que también proporciona retroalimentación instantánea a los estudiantes.

4. Generación de Informes Académicos

La creación de informes académicos y boletines de calificaciones puede ser laboriosa. La IA puede facilitar la recopilación de datos académicos, generando automáticamente informes personalizados para cada estudiante, lo que permite a los educadores y padres tener una visión clara del progreso académico.

5. Atención al Cliente y Soporte Estudiantil

Los chatbots impulsados por IA pueden gestionar consultas comunes de estudiantes y padres, como preguntas sobre fechas de inscripciones, requisitos de cursos o información sobre actividades extracurriculares. Esto no solo mejora la experiencia del usuario, sino que también reduce la carga de trabajo del personal administrativo.

6. Análisis de Datos Educativos

La IA puede analizar grandes volúmenes de datos educativos para identificar tendencias, patrones de rendimiento y áreas que requieren intervención. Esto permite a las instituciones tomar decisiones informadas sobre programas académicos, recursos y apoyo a estudiantes en riesgo, mejorando así la calidad educativa.

7. Gestión de Recursos Educativos

La gestión de recursos, como libros de texto, materiales didácticos y tecnología, puede ser complicada. La IA puede automatizar el seguimiento del inventario y la distribución de estos recursos, asegurando que los educadores tengan acceso a lo que necesitan sin demoras innecesarias.

8. Personalización del Aprendizaje

Aunque más centrada en el estudiante que en la administración, la personalización del aprendizaje puede ser facilitada por sistemas de IA que analizan el progreso y las preferencias de aprendizaje de los estudiantes. Estos sistemas pueden sugerir materiales o enfoques de estudio, optimizando así el tiempo y esfuerzo de los educadores.

9. Planificación Financiera y Presupuestaria

La planificación financiera es crucial en el sector educativo. La IA puede ayudar a automatizar la recopilación y el análisis de datos financieros, lo que permite a las instituciones gestionar su presupuesto de manera más eficiente y prever necesidades futuras.

10. Cumplimiento Normativo y Gestión de Documentos

Las instituciones educativas deben cumplir con diversas regulaciones y normativas. La IA puede automatizar el seguimiento de los documentos requeridos, alertando a los administradores sobre fechas límite y asegurando que se mantenga la conformidad en todos los niveles.

La automatización de tareas administrativas en la educación mediante inteligencia artificial no solo mejora la eficiencia operativa, sino que también permite un enfoque más centrado en los estudiantes. Al liberar a los educadores de tareas repetitivas y administrativas, se les da la oportunidad de dedicarse a la enseñanza y al desarrollo de relaciones significativas con sus estudiantes. A medida que la tecnología avanza, es probable que veamos aún más aplicaciones de la IA en el ámbito educativo, transformando la forma en que se gestionan las instituciones y se lleva a cabo el aprendizaje.

BENEFICIOS DE LA AUTOMATIZACIÓN CON IA PARA EDUCADORES Y ADMINISTRADORES

La integración de la inteligencia artificial (IA) en el ámbito educativo no solo transforma la experiencia de los estudiantes, sino que también ofrece numerosos beneficios tanto para educadores como para administradores. A continuación, se detallan algunos de los principales beneficios que la automatización con IA puede proporcionar a estos profesionales.

Beneficios para Educadores

Ahorro de Tiempo

La automatización de tareas administrativas, como la corrección de exámenes o la gestión de inscripciones, permite a los educadores dedicar más tiempo a la enseñanza y a la interacción con los estudiantes.

Mejora en la Retroalimentación

Los sistemas de evaluación automatizados pueden proporcionar retroalimentación instantánea a los estudiantes, lo que permite a los educadores identificar áreas de mejora de manera más eficaz y ajustar su metodología de enseñanza en consecuencia.

Personalización del Aprendizaje

La IA puede analizar el rendimiento y las preferencias de aprendizaje de los estudiantes, permitiendo a los educadores adaptar sus enfoques y materiales para satisfacer mejor las necesidades individuales de cada estudiante.

Acceso a Análisis de Datos

Los educadores pueden beneficiarse de análisis de datos que identifiquen patrones en el rendimiento de los estudiantes. Esto les permite tomar decisiones informadas sobre cómo mejorar sus métodos de enseñanza y el currículo.

Reducción del Estrés Laboral

Al disminuir la carga administrativa, los educadores pueden centrarse en su pasión por enseñar, lo que puede resultar en una mayor satisfacción laboral y reducir el riesgo de agotamiento.

Facilitación de la Colaboración

Las herramientas de IA pueden facilitar la colaboración entre educadores, permitiendo compartir recursos y estrategias efectivas, lo que enriquece la experiencia educativa.

Beneficios para Administradores

Eficiencia Operativa

La automatización de procesos como la gestión de inscripciones, programación de clases y generación de informes permite a los administradores operar de manera más eficiente, reduciendo costos y mejorando la productividad.

Mejor Gestión de Recursos

Los sistemas de IA pueden optimizar la asignación de recursos, asegurando que el personal, el salón de clases y los materiales estén disponibles donde y cuando más se necesitan.

Análisis Predictivo

La IA puede ayudar a los administradores a prever tendencias y problemas potenciales, permitiendo una planificación más proactiva en lugar de reactiva, lo que mejora la gestión de la institución.

Cumplimiento Normativo

La automatización de la gestión de documentos y el seguimiento de normativas asegura que las instituciones cumplan con los requisitos legales y reglamentarios, reduciendo el riesgo de sanciones.

Mejora en la Comunicación

Los sistemas de IA facilitan una mejor comunicación entre los administradores, educadores, estudiantes y padres, asegurando que todos estén informados y alineados con las políticas y objetivos institucionales.

Toma de Decisiones Informadas

Gracias al análisis de datos, los administradores pueden tomar decisiones más informadas sobre estrategias de desarrollo, asignación de presupuestos y programas académicos, lo que mejora la calidad educativa general.

La automatización de tareas administrativas mediante inteligencia artificial ofrece una gama de beneficios significativos tanto para educadores como para administradores en el ámbito educativo. Al liberar tiempo y recursos, mejorar la eficiencia y permitir un enfoque más centrado en el estudiante, la IA tiene el potencial de transformar la educación de manera que beneficie a todos los involucrados. A medida que esta tecnología continúa evolucionando, es probable que su impacto en la educación se haga aún más profundo y positivo.

CONSIDERACIONES ÉTICAS Y DE PRIVACIDAD EN LA AUTOMATIZACIÓN DE LA EDUCACIÓN

La implementación de la inteligencia artificial (IA) y la automatización en el ámbito educativo trae consigo numerosas ventajas, pero también plantea importantes consideraciones éticas y de privacidad. A medida que las instituciones educativas adoptan estas tecnologías, es fundamental abordar estos aspectos para garantizar un entorno seguro y equitativo para todos los involucrados. A continuación, se presentan algunas de las consideraciones clave en este contexto.

1. Protección de Datos Personales

Una de las principales preocupaciones en la automatización educativa es la recolección, almacenamiento y uso de datos personales de estudiantes y educadores. La información sensible, como historiales académicos, registros de comportamiento y datos de contacto, debe ser protegida de accesos no autorizados. Las instituciones deben implementar políticas robustas de privacidad y seguridad para garantizar que los datos se manejen de manera ética y legal.

2. Consentimiento Informado

El uso de tecnologías que recopilan datos de usuarios debe basarse en el consentimiento informado. Los estudiantes y sus familias deben ser claramente informados sobre qué datos se recopilan, cómo se utilizarán y con quién se compartirán. Es crucial que el consentimiento no sea solo un trámite, sino que se entienda plenamente por parte de quienes lo otorgan.

3. Sesgo Algorítmico

La IA puede perpetuar o incluso exacerbar sesgos existentes si no se diseñan y entrenan adecuadamente los algoritmos. Por ejemplo, si un sistema de IA es entrenado con datos que reflejan prejuicios históricos, podría tomar decisiones que discriminen a ciertos grupos de estudiantes. Las instituciones deben ser proactivas en la identificación y mitigación de sesgos en los sistemas automatizados, asegurando que todos los estudiantes sean tratados de manera justa y equitativa.

4. Transparencia y Rendición de Cuentas

Es esencial que los sistemas de IA utilizados en la educación sean transparentes en su funcionamiento. Los educadores y administradores deben comprender cómo se toman las decisiones automatizadas y poder explicar estas decisiones a estudiantes y padres. Además, debe haber mecanismos de rendición de cuentas en caso de que los sistemas fallen o causen daño.

5. Impacto en la Relación Educador-Estudiante

La automatización puede cambiar la dinámica de la relación entre educadores y estudiantes. Si bien la IA puede ofrecer apoyo adicional y personalización, existe el riesgo de que se deshumanice el proceso educativo. Es fundamental encontrar un equilibrio que permita a los educadores mantener una conexión personal con los estudiantes, incluso cuando se utilizan herramientas automatizadas.

6. Acceso Equitativo a la Tecnología

La implementación de tecnologías automatizadas debe considerar la brecha digital. No todos los estudiantes tienen acceso igual a dispositivos y conexión a Internet, lo que puede generar desigualdades en el aprendizaje. Las instituciones deben asegurarse de que todos los estudiantes puedan beneficiarse de la automatización, independientemente de su situación socioeconómica.

7. Responsabilidad en el Uso de la IA

Las instituciones educativas deben establecer políticas claras sobre el uso ético de la IA. Esto incluye la capacitación de los educadores y administradores en el uso responsable de estas tecnologías, así como la creación de un código de ética que guíe la implementación y el uso de la IA en el salón de clases.

8. Implicaciones a Largo Plazo en el Aprendizaje

La dependencia excesiva de la automatización y la IA puede tener implicaciones a largo plazo en el aprendizaje de los estudiantes. Es esencial evaluar cómo estas tecnologías afectan las habilidades críticas, como el pensamiento crítico y la resolución de problemas, y asegurarse de que no se vean comprometidas por un enfoque excesivo en la eficiencia.

La automatización en la educación ofrece oportunidades significativas, pero también plantea desafíos éticos y de privacidad que deben ser cuidadosamente considerados. Es vital que las instituciones educativas adopten un enfoque proactivo y ético al implementar tecnologías de IA, garantizando la protección de datos, la equidad y la transparencia. Al hacerlo, se podrá maximizar el potencial de la automatización, al tiempo que se preservan los valores fundamentales de la educación y se fomenta un entorno de aprendizaje seguro y equitativo.

CAPÍTULO 6: CREACIÓN DE CONTENIDO EDUCATIVO CON IA

Herramientas de IA para generar contenido educativo (quizzes, resúmenes, etc.).

Cómo la IA puede ayudar a los docentes a diseñar materiales más efectivos.

Ejemplos de software educativo impulsado por IA.

CREACIÓN DE CONTENIDO EDUCATIVO CON IA

En un mundo donde la tecnología avanza a pasos agigantados, la inteligencia artificial (IA) se ha convertido en una herramienta invaluable para la educación. La creación de contenido educativo ha experimentado una transformación radical gracias a las innovaciones en IA, que permiten a educadores y estudiantes optimizar procesos de enseñanza y aprendizaje de maneras antes inimaginables.

El Acontecimiento de la IA en el Salón de clases

Imaginemos un salón de clases moderna, donde el murmullo de los estudiantes se mezcla con el suave zumbido de computadoras y tabletas. En este entorno, un profesor, don Javier, se enfrenta al desafío de mantener la atención de sus alumnos en un tema complicado: la biología celular. Afortunadamente, cuenta con un aliado inesperado: una plataforma de IA diseñada para generar contenido educativo.

Al iniciar la clase, don Javier decide utilizar una herramienta de IA para crear un quiz interactivo sobre la estructura y función de las células. En cuestión de minutos, la plataforma le proporciona una serie de preguntas que no solo evalúan el conocimiento previo de los estudiantes, sino que también se adaptan a su nivel de comprensión. Las preguntas son variadas, desde opciones múltiples hasta preguntas abiertas que fomentan el pensamiento crítico. Los estudiantes, emocionados, se apresuran a responder, sabiendo que la IA ofrecerá retroalimentación instantánea.

Generación de Quizzes Interactivos

La capacidad de generar quizzes interactivos es solo una de las muchas aplicaciones de la IA en la educación. Estas herramientas no solo permiten a los educadores crear evaluaciones de manera rápida y sencilla, sino que también ofrecen análisis detallados sobre el desempeño de los estudiantes. La IA puede identificar patrones en las respuestas, revelando áreas donde los estudiantes pueden necesitar más apoyo. Esto permite a don Javier personalizar sus lecciones y enfocarse en los conceptos que más confunden a su clase.

Pero no se detiene ahí. La IA también puede generar resúmenes de textos complejos. Don Javier tiene un artículo extenso sobre la teoría celular que quiere que sus estudiantes lean. Sin embargo, sabe que la atención de los adolescentes es fugaz. Con un par de clics, utiliza una herramienta de IA para crear un resumen conciso que destaca los puntos más importantes del artículo. Este resumen se convierte en una guía útil que los estudiantes pueden consultar antes de la clase, facilitando una discusión más rica y profunda.

Creación de Contenido Personalizado

La personalización en el aprendizaje es otra ventaja de la IA. Gracias a algoritmos avanzados, las herramientas de IA pueden adaptar el contenido según las necesidades y preferencias individuales de cada estudiante. Por ejemplo, si un estudiante tiene dificultades con un concepto específico, la IA puede generar ejercicios adicionales y recursos que aborden ese tema en particular. Esto no solo mejora la experiencia de aprendizaje, sino que también aumenta la motivación al proporcionar a los estudiantes un camino claro hacia el éxito.

Además, la IA puede analizar el progreso de cada estudiante a lo largo del tiempo, ofreciendo informes detallados tanto a los educadores como a los padres. Estos informes ayudan a identificar tendencias y áreas de mejora, facilitando un enfoque más proactivo y adaptativo en la enseñanza.

Creación de Recursos Multimedia

La creación de contenido educativo no se limita a textos y quizzes. La IA también puede generar recursos multimedia, como videos y presentaciones interactivas. Imaginemos que don Javier quiere explicar el ciclo de vida de una planta. En lugar de buscar en internet, utiliza una herramienta de IA que crea un video animado que ilustra cada etapa del ciclo de vida, completo con diagramas y explicaciones narradas. Este recurso atractivo no solo captura la atención de sus estudiantes, sino que también refuerza el aprendizaje visual.

La IA también puede ayudar en la creación de podcasts educativos, donde se pueden discutir temas de manera profunda y accesible. Los estudiantes pueden escuchar estos podcasts en cualquier momento, lo que les permite repasar el material a su propio ritmo y desde cualquier lugar. La posibilidad de diversificar el tipo de contenido educativo que se ofrece es una de las grandes ventajas que la IA trae al salón de clases moderna.

Sin embargo, la incorporación de la IA en la educación no está exenta de desafíos. La dependencia excesiva de la tecnología puede llevar a la deshumanización del proceso de aprendizaje. Es crucial que los educadores mantengan un equilibrio entre el uso de herramientas de IA y la interacción humana. La empatía, la comprensión y el apoyo emocional son elementos esenciales que la IA no puede replicar.

Además, surgen consideraciones éticas en torno a la privacidad de los datos de los estudiantes. Es fundamental garantizar que la información personal se maneje de manera segura y responsable. Las instituciones educativas deben establecer políticas claras sobre el uso de la IA y la protección de la privacidad, asegurando que la tecnología se utilice para el beneficio de los estudiantes y no en su detrimento.

El Futuro de la Educación con IA

A medida que avanzamos hacia el futuro, es evidente que la inteligencia artificial está aquí para quedarse en el ámbito educativo. Las innovaciones continúan surgiendo, prometiendo una experiencia de aprendizaje aún más enriquecedora y accesible. La IA no solo está revolucionando la forma en que se crea contenido educativo, sino que también está cambiando la manera en que los educadores y estudiantes interactúan con dicho contenido.

Una de las tendencias más emocionantes es la integración de entornos de aprendizaje adaptativos. Estos sistemas, impulsados por IA, permiten a los estudiantes navegar a través de materiales personalizados que se ajustan a su estilo de aprendizaje y ritmo individual. Por ejemplo, si un estudiante tiene una comprensión sólida de ciertos conceptos, pero lucha con otros, el sistema puede ofrecer recursos adicionales específicamente diseñados para abordar esas dificultades. Esto crea un camino más fluido hacia el dominio del contenido y fomenta una mayor autonomía en el aprendizaje.

La Colaboración entre IA y Educadores

La relación entre la IA y los educadores también está evolucionando. En lugar de ver a la IA como una amenaza que podría reemplazar el papel del profesor, muchos educadores comienzan a reconocerla como un aliado poderoso. La IA puede asumir tareas administrativas tediosas, como la calificación de exámenes y la gestión de registros, liberando tiempo valioso para que los educadores se concentren en lo que realmente importa: interactuar con sus estudiantes y brindar apoyo personalizado.

Además, la colaboración entre educadores y herramientas de IA puede resultar en la creación de materiales didácticos innovadores. Los docentes pueden utilizar la IA para generar simulaciones, juegos educativos y actividades prácticas que fomenten un aprendizaje más activo y comprometido. Estas experiencias de aprendizaje inmersivas pueden ayudar a los estudiantes a comprender conceptos complejos de manera más efectiva, al involucrar múltiples sentidos y estilos de aprendizaje.

Inclusión y Accesibilidad

La IA también tiene el potencial de hacer que la educación sea más inclusiva y accesible. Herramientas de IA pueden ayudar a crear contenido en diferentes formatos, como texto, audio y video, lo que permite a los estudiantes con diversas necesidades de aprendizaje acceder a la información de manera más efectiva. Por ejemplo, los estudiantes con discapacidades visuales pueden beneficiarse de lecturas automatizadas y descripciones de imágenes generadas por IA, mientras que aquellos con dificultades auditivas pueden acceder a transcripciones de videos.

Además, la IA puede traducir contenido educativo a múltiples idiomas, lo que facilita la inclusión de estudiantes de diferentes culturas y antecedentes lingüísticos. Esto no solo enriquece la experiencia de aprendizaje, sino que también promueve un ambiente de salón de clases más diverso y multicultural.

El Rol de la Ética en la IA Educativa

A medida que la IA se convierte en una parte integral del panorama educativo, la atención a la ética se vuelve crucial. Las instituciones deben abordar cuestiones relacionadas con la equidad en el acceso a la tecnología, garantizando que todos los estudiantes tengan las mismas oportunidades de beneficiarse de las herramientas de IA. La brecha digital es un desafío que aún persiste, y es fundamental que se realicen esfuerzos continuos para cerrar esta brecha y garantizar que la tecnología no se convierta en un factor de desigualdad.

Asimismo, es vital que se establezcan marcos éticos claros en el uso de la IA en la educación. Los datos recopilados por las herramientas de IA deben manejarse con responsabilidad, garantizando la privacidad y la seguridad de la información de los estudiantes. La transparencia en cómo se utilizan los datos y cómo se toman las decisiones basadas en IA es esencial para generar confianza entre educadores, estudiantes y padres.

La creación de contenido educativo con inteligencia artificial está transformando el panorama educativo de maneras significativas. Desde la generación de quizzes y resúmenes hasta la creación de recursos multimedia y entornos de aprendizaje personalizados, la IA está facilitando un enfoque más dinámico y adaptativo para la educación. Sin embargo, es esencial que los educadores y las instituciones mantengan un enfoque equilibrado, recordando que la tecnología es una herramienta que debe complementarse con la empatía y la conexión humana.

A medida que nos adentramos en esta nueva era de la educación, la colaboración entre educadores y tecnologías de IA promete abrir nuevas puertas para el aprendizaje. Con un enfoque ético y responsable, podemos garantizar que la inteligencia artificial cumpla su potencial para enriquecer la educación, hacerla más accesible y preparar a las nuevas generaciones para un futuro cada vez más interconectado y tecnológico. Al final, el objetivo siempre debe ser el mismo: empoderar a los estudiantes para que se conviertan en pensadores críticos, creativos y comprometidos con su aprendizaje y su mundo.

CÓMO LA IA PUEDE AYUDAR A LOS DOCENTES A DISEÑAR MATERIALES MÁS EFECTIVOS

La inteligencia artificial (IA) está transformando la educación al ofrecer herramientas que permiten a los docentes crear materiales de enseñanza más personalizados y efectivos. A continuación, se presentan algunas maneras en que la IA puede facilitar este proceso, junto con ejemplos y plataformas útiles.

1. Personalización del Aprendizaje

La IA puede analizar el rendimiento de los estudiantes, identificando sus fortalezas y debilidades. Con esta información, los docentes pueden diseñar materiales que se adapten a las necesidades específicas de cada alumno.

Ejemplo: Un docente que utiliza un sistema de gestión del aprendizaje (LMS) con capacidades de IA puede recibir informes detallados sobre el progreso de sus estudiantes. Esto le permite crear ejercicios de práctica enfocados en las áreas donde los estudiantes tienen más dificultades.

2. Generación Automática de Contenidos

Existen herramientas de IA que pueden ayudar a los docentes a generar contenido educativo, como cuestionarios, resúmenes de textos o incluso lecciones completas, lo que ahorra tiempo y esfuerzo.

Ejemplo: Plataformas como Quizlet o Kahoot utilizan IA para ayudar a los docentes a crear cuestionarios interactivos en cuestión de minutos, basándose en los temas que están enseñando.

3. Análisis de Datos Educativos

La IA puede procesar grandes volúmenes de datos para proporcionar información valiosa sobre el rendimiento general de los estudiantes y la efectividad de los materiales utilizados.

Ejemplo: Herramientas como Tableau pueden integrarse con plataformas educativas para analizar datos sobre el desempeño de los estudiantes, permitiendo a los docentes ajustar sus materiales y métodos de enseñanza en consecuencia.

4. Creación de Recursos Multimedia

La IA también facilita la creación de recursos multimedia más atractivos, como videos, infografías y presentaciones interactivas.

Ejemplo: Canva y Lumen5 son herramientas que utilizan IA para ayudar a los docentes a diseñar visualmente contenido educativo atractivo, lo que puede aumentar la motivación y el interés de los estudiantes.

5. Accesibilidad e Inclusión

La IA puede ayudar a crear materiales accesibles para estudiantes con diferentes necesidades, utilizando tecnologías como la conversión de texto a voz o subtítulos automáticos.

Ejemplo: Plataformas como Microsoft Word y Google Docs cuentan con herramientas de accesibilidad que permiten a los docentes convertir documentos en formatos más accesibles, beneficiando a estudiantes con dislexia o dificultades de aprendizaje.

PLATAFORMAS PARA DISEÑAR MATERIALES EDUCATIVOS

Canva for Education: Herramienta de diseño gráfico que permite crear presentaciones, infografías y otros materiales visuales de manera sencilla.

Edmodo: Una plataforma de aprendizaje que permite a los docentes compartir recursos, crear cuestionarios y comunicarse con los estudiantes.

Google Classroom: Permite a los docentes gestionar clases, distribuir tareas y proporcionar retroalimentación en línea.

Quizlet: Facilita la creación de tarjetas de estudio, cuestionarios y juegos educativos, adaptándose a diferentes estilos de aprendizaje.

Nearpod: Plataforma que permite crear lecciones interactivas y realizar evaluaciones en tiempo real, mejorando la participación estudiantil.

La incorporación de la IA en el diseño de materiales educativos ofrece a los docentes herramientas poderosas para personalizar y mejorar la enseñanza. Con el uso de plataformas adecuadas, los educadores pueden no solo optimizar su tiempo, sino también crear experiencias de aprendizaje más ricas y efectivas para sus estudiantes.

EJEMPLOS DE SOFTWARE EDUCATIVO IMPULSADO POR IA

La inteligencia artificial (IA) ha revolucionado el campo de la educación, ofreciendo herramientas innovadoras que facilitan el aprendizaje y mejoran la experiencia educativa tanto para docentes como para estudiantes. A continuación, exploraremos diversos ejemplos de software educativo impulsado por IA, destacando sus características y beneficios.

Grammarly

Grammarly no es solo un corrector gramatical; es una herramienta de escritura impulsada por IA que ayuda a los estudiantes a mejorar sus habilidades de redacción. Utiliza procesamiento del lenguaje natural (NLP) para ofrecer sugerencias de mejora en tiempo real, incluyendo gramática, estilo y claridad. Además, Grammarly proporciona análisis sobre la escritura del usuario, lo que les permite aprender de sus errores.

Beneficios:

Mejora continua en las habilidades de escritura.

Feedback inmediato que fomenta la autoevaluación.

Herramientas de análisis que ayudan a comprender patrones de errores.

Kahoot

Kahoot es una plataforma de aprendizaje basada en juegos que ha revolucionado la forma en que se lleva a cabo la enseñanza y el aprendizaje en diversos entornos educativos. Lanzada en 2013, esta herramienta permite a los educadores crear cuestionarios interactivos, encuestas y discusiones en forma de juegos, lo que la convierte en un recurso atractivo tanto para estudiantes como para docentes. A través de su interfaz intuitiva y colorida, Kahoot busca fomentar la participación activa de los alumnos, promoviendo un ambiente de aprendizaje dinámico y colaborativo.

Características de Kahoot

Creación de Contenido: Los educadores pueden diseñar sus propios cuestionarios, conocidos como "kahoots", que pueden incluir preguntas de opción múltiple, verdadero o falso, y encuestas. Esto permite una personalización completa, adaptando el contenido a las necesidades del salón de clases y a los objetivos de aprendizaje.

Interactividad: Kahoot se basa en la interacción en tiempo real. Los estudiantes participan utilizando sus dispositivos móviles, tabletas o computadoras, lo que hace que el aprendizaje sea más atractivo y accesible. La plataforma permite a los alumnos responder preguntas mientras ven una presentación en pantalla grande, fomentando así la competencia amistosa y el trabajo en equipo.

Gamificación: Al integrar elementos de juego, como puntos y clasificaciones, Kahoot transforma el aprendizaje en una experiencia divertida y emocionante. Esta gamificación no solo aumenta la motivación de los estudiantes, sino que también mejora la retención de información.

Accesibilidad: Kahoot es accesible desde cualquier dispositivo con conexión a Internet, lo que permite su uso en diferentes entornos, desde salón de clases tradicionales hasta entornos de aprendizaje remoto. Esto facilita su adopción en diversas situaciones educativas.

Beneficios de Kahoot en la Educación

Fomento de la Participación: Kahoot promueve la participación activa de todos los estudiantes, incluyendo a aquellos que podrían sentirse intimidados en un ambiente de salón de clases tradicional. La naturaleza lúdica de la plataforma anima a todos a participar sin temor al juicio.

Mejora de la Motivación: La estructura de juego de Kahoot genera un ambiente de competencia amistosa, lo que eleva la motivación de los estudiantes. La posibilidad de ver sus nombres en una tabla de clasificación puede incentivar a los alumnos a esforzarse más en su aprendizaje.

Evaluación Formativa: Los docentes pueden utilizar Kahoot como una herramienta de evaluación formativa, permitiendo medir el nivel de comprensión de los estudiantes en tiempo real. Esto proporciona información valiosa sobre el progreso de los alumnos y permite a los educadores ajustar sus métodos de enseñanza según sea necesario.

Aprendizaje Colaborativo: Kahoot fomenta la colaboración entre los estudiantes. Al trabajar en equipos o competir entre sí, los alumnos desarrollan habilidades sociales y de trabajo en grupo, fundamentales para su crecimiento personal y académico.

Diversificación del Aprendizaje: La plataforma permite a los educadores diversificar sus métodos de enseñanza, incorporando elementos visuales y auditivos que pueden beneficiar a diferentes tipos de aprendices. Esto enriquece la experiencia educativa y apoya el aprendizaje inclusivo.

Facilitación del Aprendizaje a Distancia: En tiempos de educación a distancia, Kahoot ha demostrado ser una herramienta eficaz para mantener a los estudiantes comprometidos. Su diseño interactivo y accesible facilita la continuidad del aprendizaje, independientemente del entorno físico.

Kahoot se ha consolidado como una herramienta educativa valiosa que combina el aprendizaje y el juego de manera efectiva. Al fomentar la participación, mejorar la motivación y facilitar la evaluación formativa, esta plataforma se convierte en un recurso esencial en el arsenal de cualquier educador. Su capacidad para adaptarse a diferentes contextos y estilos de aprendizaje la convierte en una opción atractiva para enriquecer la experiencia educativa en el salón de clases y más allá. En un mundo donde la educación continua evolucionando, Kahoot se presenta como una solución innovadora para capturar la atención de los estudiantes y fomentar un aprendizaje significativo y duradero.

CAPÍTULO 7: REALIDAD AUMENTADA Y VIRTUAL EN LA EDUCACIÓN

Integración de IA en plataformas de realidad aumentada y virtual.

Experiencias inmersivas de aprendizaje y su impacto en la comprensión.

Futuras tendencias en la combinación de IA, AR y VR en la educación.

REALIDAD AUMENTADA Y VIRTUAL EN LA EDUCACIÓN: INTEGRACIÓN DE IA EN PLATAFORMAS

La educación se encuentra en un punto de inflexión, impulsada por la integración de tecnologías innovadoras como la realidad aumentada (RA) y la realidad virtual (RV). Estas herramientas, combinadas con la inteligencia artificial (IA), están transformando la forma en que los estudiantes aprenden y experimentan el mundo que les rodea. En este contexto, la unión de la RA, la RV y la IA no solo enriquece el proceso educativo, sino que también abre un abanico de posibilidades para personalizar y mejorar la experiencia de aprendizaje.

La realidad aumentada y la realidad virtual ofrecen experiencias inmersivas que van más allá de las limitaciones del salón de clases tradicional. La RA superpone información digital en el entorno real, permitiendo a los estudiantes interactuar con elementos virtuales en su entorno inmediato. Por otro lado, la RV sumerge a los usuarios en un mundo completamente virtual, donde pueden explorar y experimentar situaciones que de otro modo serían inaccesibles.

Aplicaciones en el Salón de clases:

Simulaciones Científicas: Los estudiantes pueden realizar experimentos en un laboratorio virtual, manipulando sustancias y observando reacciones sin riesgos. La IA puede adaptar las simulaciones a su nivel de comprensión, brindando retroalimentación en tiempo real.

Exploraciones Históricas: Con la RA, los estudiantes pueden caminar por las calles de una antigua civilización, interactuando con personajes históricos y objetos culturales. La IA puede ofrecer información contextual y preguntas que estimulen la reflexión crítica.

Educación Geográfica: La RV permite a los estudiantes viajar por el mundo, explorando ecosistemas, montañas y océanos. La IA puede personalizar la experiencia según los intereses del estudiante, sugiriendo rutas de exploración basadas en sus preferencias.

Integración de IA en Plataformas de RA y RV

La integración de IA en plataformas de RA y RV transforma la manera en que estas tecnologías son utilizadas en el salón de clases. A continuación, se detallan algunas de las formas en que la IA potencia estas experiencias:

Personalización del Aprendizaje:

La IA puede analizar el rendimiento y las preferencias de los estudiantes para adaptar el contenido y las actividades en plataformas de RA y RV. Por ejemplo, si un estudiante muestra un interés particular en la biología, la IA puede sugerir simulaciones específicas que aborden temas como la genética o la ecología, creando un camino de aprendizaje personalizado.

Asistentes Virtuales:

Los asistentes virtuales impulsados por IA pueden interactuar con los estudiantes dentro de entornos de RA y RV, proporcionando orientación y respuestas a preguntas en tiempo real. Estos asistentes pueden adaptarse al estilo de aprendizaje del estudiante, ofreciendo explicaciones más detalladas o simplificadas según sea necesario.

Análisis de Datos y Retroalimentación:

La IA puede recopilar y analizar datos sobre la interacción de los estudiantes con las plataformas de RA y RV. Esta información permite a los educadores identificar áreas de dificultad y ajustar sus enfoques pedagógicos. La retroalimentación instantánea que reciben los estudiantes les ayuda a entender sus errores y a mejorar continuamente.

Creación de Contenido Dinámico:

Con la ayuda de IA, las plataformas pueden generar contenido educativo dinámico y atractivo. Por ejemplo, se pueden crear escenarios de aprendizaje que cambian con base en las decisiones del estudiante, ofreciendo una experiencia más envolvente y relevante.

Colaboración en Tiempo Real:

La IA puede facilitar la colaboración entre estudiantes en entornos de RA y RV, permitiendo que trabajen juntos en proyectos, resuelvan problemas y aprendan unos de otros, independientemente de su ubicación geográfica. Esto fomenta el trabajo en equipo y la comunicación efectiva.

Desafíos y Consideraciones

A pesar de las promesas que traen la RA, la RV y la IA, existen desafíos que deben ser abordados:

Accesibilidad: No todos los estudiantes tienen acceso a dispositivos adecuados para disfrutar de experiencias de RA y RV. Es fundamental garantizar que estas tecnologías sean accesibles para todos, independientemente de su situación económica.

Formación Docente: Los educadores deben recibir capacitación adecuada para utilizar estas tecnologías de manera efectiva. Sin una comprensión clara de cómo integrar la RA, la RV y la IA en el salón de clases, su potencial puede no ser completamente aprovechado.

Ética y Privacidad: La recopilación de datos por parte de la IA plantea inquietudes sobre la privacidad y la seguridad de los estudiantes. Es crucial establecer políticas claras sobre el uso de datos y garantizar que la información personal esté protegida.

La integración de la inteligencia artificial en plataformas de realidad aumentada y virtual está revolucionando el panorama educativo.

EXPERIENCIAS INMERSIVAS DE APRENDIZAJE Y SU IMPACTO EN LA COMPRENSIÓN

En la era digital actual, las experiencias inmersivas de aprendizaje han emergido como una estrategia pedagógica innovadora que transforma la manera en que los estudiantes interactúan con el contenido. Estas experiencias, que incluyen realidad virtual (RV), realidad aumentada (RA) y entornos de aprendizaje simulados, buscan sumergir a los estudiantes en un entorno educativo interactivo y dinámico, facilitando un aprendizaje más profundo y significativo.

Definición y Tipos de Experiencias Inmersivas

Las experiencias inmersivas se definen como aquellas que involucran al usuario en un entorno tridimensional, donde puede interactuar con elementos virtuales de manera realista. Los principales tipos incluyen:

Realidad Virtual (RV): Utiliza dispositivos como gafas VR para crear entornos completamente digitales donde el usuario puede explorar y aprender.

Realidad Aumentada (RA): Superpone elementos digitales en el mundo real a través de dispositivos móviles o gafas especiales, enriqueciendo la experiencia de aprendizaje.

Simulaciones: Modelos interactivos que replican situaciones del mundo real, como laboratorios virtuales o escenarios de entrenamiento profesional.

Beneficios de las Experiencias Inmersivas

Mayor Retención del Conocimiento: La inmersión activa en un entorno de aprendizaje permite que los estudiantes asimilen mejor la información. La interacción directa con el contenido y la capacidad de experimentar conceptos en un contexto práctico facilitan una comprensión más profunda.

Desarrollo de Habilidades Prácticas: Las experiencias inmersivas permiten a los estudiantes practicar habilidades en un entorno seguro. Por ejemplo, en la formación médica, los estudiantes pueden realizar cirugías simuladas sin el riesgo asociado a la práctica en pacientes reales.

Motivación y Compromiso: La novedad y el dinamismo de las experiencias inmersivas capturan la atención de los estudiantes. Esto no solo aumenta su motivación para aprender, sino que también mejora su compromiso con el material.

Aprendizaje Personalizado: Las plataformas de aprendizaje inmersivo pueden adaptarse al ritmo y estilo de aprendizaje de cada estudiante, permitiendo un enfoque más personalizado que el aprendizaje tradicional.

Impacto en la Comprensión

El impacto de las experiencias inmersivas en la comprensión del contenido es notable. Estudios han demostrado que los estudiantes que participan en entornos de aprendizaje inmersivos tienden a mostrar una mejor comprensión conceptual en comparación con aquellos que aprenden a través de métodos tradicionales. Esto se debe a varios factores:

Contextualización del Aprendizaje: Al situar el aprendizaje en un contexto significativo, los estudiantes pueden ver la relevancia del contenido, lo que les ayuda a conectar la teoría con la práctica.

Interactividad: La posibilidad de interactuar con el contenido en tiempo real fomenta una participación activa, lo que facilita la construcción de conocimiento y la resolución de problemas.

Colaboración: Muchas experiencias inmersivas permiten la colaboración entre estudiantes, lo que promueve el aprendizaje social y el intercambio de ideas, enriqueciendo la comprensión colectiva.

Desafíos y Consideraciones

A pesar de sus numerosos beneficios, las experiencias inmersivas también presentan desafíos. La implementación de tecnología avanzada puede ser costosa y requiere capacitación para los educadores. Además, es crucial garantizar que el contenido sea accesible e inclusivo para todos los estudiantes, independientemente de sus habilidades tecnológicas.

Asimismo, se debe considerar el equilibrio entre la tecnología y los métodos de enseñanza tradicionales. Si bien las experiencias inmersivas son efectivas, no deberían reemplazar completamente los enfoques pedagógicos convencionales, sino complementarlos.

Las experiencias inmersivas de aprendizaje representan una evolución significativa en la educación, ofreciendo métodos innovadores que pueden mejorar la comprensión y retención del conocimiento. A medida que la tecnología continúa avanzando, es esencial que las instituciones educativas exploren y adopten estas estrategias para preparar a los estudiantes para un mundo en constante cambio. La clave del éxito radica en integrar estas experiencias de manera equilibrada, asegurando que todos los estudiantes tengan la oportunidad de beneficiarse de las ventajas que ofrecen.

FUTURAS TENDENCIAS EN LA COMBINACIÓN DE IA, AR Y VR EN LA EDUCACIÓN

En un rincón luminoso de una clase del futuro, un grupo de estudiantes se sumerge en una experiencia educativa que trasciende los límites de la enseñanza tradicional. A su alrededor, la realidad aumentada (AR) despliega gráficos interactivos que flotan en el aire, mientras que la realidad virtual (VR) los transporta a lugares lejanos, como la antigua Roma o el fondo del océano. Todo esto está potenciado por inteligencia artificial (IA), que personaliza el aprendizaje a las necesidades de cada estudiante. Este escenario, que podría parecer sacado de una película de ciencia ficción, es cada vez más una realidad tangible en el ámbito educativo.

La Sinergia de la IA, AR y VR

La convergencia de la inteligencia artificial, la realidad aumentada y la realidad virtual en la educación promete revolucionar la forma en que aprendemos. Cada una de estas tecnologías tiene sus propias fortalezas, pero al combinarlas, se crea un ecosistema educativo que no solo es más atractivo, sino también más efectivo.

Inteligencia Artificial:

La IA se convierte en el cerebro detrás de la experiencia educativa. Con algoritmos avanzados, puede analizar el rendimiento de los estudiantes en tiempo real, identificar áreas de mejora y adaptar el contenido de aprendizaje en consecuencia. Por ejemplo, si un estudiante lucha con conceptos matemáticos, la IA puede ofrecerle ejercicios personalizados que lo ayuden a superar sus dificultades.

Realidad Aumentada:

La AR añade una capa de interactividad al entorno de aprendizaje. Imagina a los estudiantes en una clase de biología que, con la ayuda de sus dispositivos móviles, pueden ver el sistema circulatorio humano proyectado en 3D sobre su escritorio. Esta visualización no solo hace que el aprendizaje sea más atractivo, sino que también ayuda a los estudiantes a comprender conceptos complejos de manera intuitiva.

Realidad Virtual:

La VR permite a los estudiantes experimentar el aprendizaje de una manera completamente inmersiva. En una lección de historia, por ejemplo, los estudiantes pueden "visitar" importantes eventos históricos, experimentando de primera mano lo que sucedió en esos momentos cruciales. Esta inmersión sensorial crea recuerdos duraderos y una comprensión más profunda del material.

Personalización del Aprendizaje

Una de las tendencias más emocionantes en el uso de estas tecnologías es la personalización del aprendizaje. Gracias a la IA, los sistemas educativos pueden adaptarse a las preferencias y habilidades individuales de cada estudiante. Por ejemplo, en lugar de un enfoque de "talla única", los estudiantes podrían seguir rutas de aprendizaje únicas, donde la IA analice su progreso y ajuste el contenido para mantener su interés y desafío.

Además, con la integración de AR y VR, los estudiantes pueden elegir sus propios entornos de aprendizaje. Un alumno interesado en la astronomía podría optar por explorar el espacio en un entorno de VR, mientras que otro que prefiera la historia podría visitar una reconstrucción de una ciudad medieval a través de AR en su dispositivo. Esta flexibilidad no solo aumenta la motivación, sino que también permite a los estudiantes tomar el control de su educación.

Colaboración y Aprendizaje Social

Otra tendencia significativa es el fomento de la colaboración entre estudiantes a través de estas tecnologías. Las plataformas de AR y VR permiten que los estudiantes trabajen juntos en proyectos, independientemente de su ubicación geográfica. Imagina un salón de clases virtual donde estudiantes de diferentes partes del mundo se unen para resolver un problema global, utilizando la IA para guiarlos en la investigación y la colaboración.

La interacción social es un componente crucial del aprendizaje, y la combinación de estas tecnologías puede facilitar experiencias de aprendizaje más ricas y significativas. Los estudiantes pueden compartir sus descubrimientos en tiempo real, participar en debates y construir conocimiento colectivo, todo mientras se sumergen en entornos que enriquecen su experiencia.

Enfoque en las Habilidades del Futuro

A medida que el mundo laboral evoluciona, también lo hacen las habilidades necesarias para tener éxito. La combinación de IA, AR y VR en la educación no solo se centra en la adquisición de conocimiento, sino también en el desarrollo de habilidades blandas como la creatividad, la resolución de problemas y el pensamiento crítico. Los entornos de aprendizaje inmersivos pueden simular situaciones del mundo real que desafían a los estudiantes a pensar de manera crítica y a encontrar soluciones innovadoras.

CAPÍTULO 8: DESAFÍOS Y FUTURO DE LA IA EN LA EDUCACIÓN

Reflexión sobre los desafíos éticos y prácticos de implementar IA en el salón de clases.

Ejemplos prácticos de la integración de la inteligencia artificial (IA) en el:

nivel inicial de educación

nivel intermedio de educación

nivel superior de educación

Consideraciones sobre la capacitación docente y la infraestructura necesaria.

Visión del futuro: ¿Cómo será la educación con IA en la próxima década?

DESAFÍOS Y FUTURO DE LA IA EN LA EDUCACIÓN

La inteligencia artificial (IA) ha emergido como una fuerza transformadora en múltiples sectores, y la educación no es una excepción. A medida que las tecnologías avanzan, se plantea una pregunta crucial: ¿cómo podemos integrar efectivamente la IA en el salón de clases sin sacrificar la ética y la calidad educativa? Este ensayo explora los desafíos éticos y prácticos de implementar IA en la educación y reflexiona sobre el futuro que nos espera.

Desafíos Éticos

Uno de los principales desafíos éticos asociados con la implementación de IA en la educación es la cuestión de la equidad. A medida que las herramientas basadas en IA, como los tutores virtuales y las plataformas de aprendizaje adaptativo, se vuelven más comunes, existe el riesgo de que las brechas educativas se amplíen. Los estudiantes de entornos privilegiados pueden tener acceso a tecnologías avanzadas que les proporcionan una ventaja adicional, mientras que aquellos en comunidades desfavorecidas podrían quedarse atrás. Esta disparidad plantea interrogantes sobre la justicia en la educación y el papel de la IA en perpetuar o mitigar esas desigualdades.

Además, la privacidad de los datos es una preocupación significativa. Las plataformas de aprendizaje impulsadas por IA requieren recopilar y analizar grandes cantidades de datos sobre los estudiantes, desde su rendimiento académico hasta sus preferencias de aprendizaje. Esto plantea el dilema de hasta qué punto es aceptable rastrear y utilizar la información personal de los estudiantes. La protección de la privacidad debe ser una prioridad, y los educadores deben ser transparentes sobre cómo se utilizan los datos y qué medidas se están tomando para proteger la información sensible.

Otro aspecto ético es la posibilidad de sesgos en los algoritmos de IA. Si los datos utilizados para entrenar modelos de IA reflejan prejuicios existentes, las decisiones tomadas por estas herramientas pueden ser discriminatorias. Por ejemplo, un sistema de evaluación automatizado podría favorecer a ciertos grupos demográficos sobre otros, afectando las oportunidades educativas de los estudiantes. La creación de algoritmos justos y equitativos es esencial para garantizar que la IA beneficie a todos los estudiantes por igual.

Desafíos Prácticos

Más allá de las consideraciones éticas, la implementación de IA en el salón de clases enfrenta desafíos prácticos. La infraestructura tecnológica es uno de los principales obstáculos. Muchas escuelas, especialmente en áreas rurales o de bajos ingresos, carecen del acceso a dispositivos y conexiones de internet de alta calidad, lo que limita la capacidad de los educadores para utilizar herramientas de IA efectivas. Para que la IA sea verdaderamente transformadora, es fundamental que se invierta en la infraestructura necesaria para que todas las instituciones educativas puedan beneficiarse de estas tecnologías.

La capacitación de los docentes es otro desafío crucial. Los educadores deben estar preparados para integrar la IA en sus métodos de enseñanza, lo que requiere formación y desarrollo profesional continuo. Sin embargo, muchos docentes pueden sentirse abrumados por la idea de aprender a utilizar nuevas tecnologías, especialmente si no están familiarizados con la IA. La falta de apoyo y recursos puede llevar a la resistencia al cambio, lo que obstaculiza la adopción de estas herramientas innovadoras.

Además, la dependencia excesiva de la IA puede llevar a la deshumanización del proceso educativo. Si bien los sistemas de IA pueden ofrecer personalización y eficiencia, también existe el riesgo de que los estudiantes pierdan la conexión humana que es esencial en el aprendizaje. Los educadores desempeñan un papel fundamental en el desarrollo emocional y social de los estudiantes, y es vital que la IA complemente, en lugar de reemplazar, la interacción humana en el salón de clases.

El Futuro de la IA en la Educación

A pesar de estos desafíos, el futuro de la IA en la educación es prometedor. Si se implementa de manera ética y responsable, la IA puede revolucionar la forma en que enseñamos y aprendemos. Imaginemos un salón de clases donde cada estudiante tiene acceso a un tutor virtual que se adapta a su estilo de aprendizaje y ritmo. En lugar de un enfoque único, la IA podría ofrecer experiencias personalizadas que permitan a cada estudiante alcanzar su máximo potencial.

Además, la IA podría ayudar a los educadores a identificar las necesidades individuales de los estudiantes, permitiendo intervenciones tempranas y apoyo adicional. Al analizar los datos de rendimiento, los sistemas de IA pueden señalar áreas donde un estudiante puede estar luchando y sugerir recursos o estrategias específicas para abordar esos desafíos. Esto no solo mejora el rendimiento académico, sino que también promueve un sentido de pertenencia y apoyo para los estudiantes.

A medida que avanzamos hacia un futuro donde la IA se convierte en una parte integral de la educación, es esencial que las instituciones, los educadores y los responsables de políticas trabajen juntos para abordar los desafíos éticos y prácticos. La colaboración entre expertos en tecnología, pedagogos y comunidades es fundamental para desarrollar soluciones que sean inclusivas y equitativas.

EJEMPLOS PRÁCTICOS DE LA INTEGRACIÓN DE LA INTELIGENCIA ARTIFICIAL (IA) EN EL NIVEL INICIAL DE EDUCACIÓN

Asistentes Virtuales: Utilizar chatbots o asistentes virtuales en plataformas de aprendizaje para responder preguntas frecuentes de los estudiantes o guiar a los padres sobre el uso de herramientas educativas.

Personalización del Aprendizaje: Implementar programas que adapten el contenido educativo a las necesidades específicas de cada niño, ajustando la dificultad y el estilo de aprendizaje según el progreso del estudiante.

Juegos Educativos: Desarrollar juegos que incorporen IA para ofrecer desafíos interactivos que se adapten al nivel de habilidad del niño, fomentando el aprendizaje a través del juego.

Reconocimiento de Voz: Usar aplicaciones que permitan a los niños interactuar con el contenido a través de comandos de voz, ayudando a aquellos que tienen dificultades con la lectura o la escritura.

Análisis de Progreso: Herramientas que analicen el rendimiento de los estudiantes y proporcionen informes a los docentes sobre áreas de mejora, permitiendo un enfoque más centrado en el alumno.

Creación de Contenido: Utilizar IA para generar material didáctico personalizado, como libros de cuentos adaptados a los intereses de los niños, lo que puede aumentar su motivación y compromiso.

Aprendizaje Colaborativo: Plataformas que faciliten la colaboración entre estudiantes, utilizando IA para formar grupos de trabajo basados en habilidades complementarias y estilos de aprendizaje.

Aplicaciones de Lenguaje: Software que ayude a los niños a aprender idiomas mediante ejercicios interactivos que se adaptan a su nivel de competencia, utilizando técnicas de IA para mejorar la pronunciación y la gramática.

Estos ejemplos demuestran cómo la IA puede enriquecer la experiencia educativa en el nivel inicial, haciendo el aprendizaje más accesible y personalizado.

EJEMPLOS PRÁCTICOS DE LA INTEGRACIÓN DE LA INTELIGENCIA ARTIFICIAL EN EL NIVEL INTERMEDIO DE EDUCACIÓN

Tutores Virtuales: Plataformas que utilizan IA para ofrecer apoyo personalizado a los estudiantes, respondiendo preguntas y ayudando con las tareas en tiempo real.

Análisis de Aprendizaje: Herramientas que analizan el rendimiento de los estudiantes y proporcionan informes detallados sobre sus fortalezas y áreas de mejora, permitiendo a los educadores adaptar sus enfoques de enseñanza.

Creación de Contenidos Educativos: Software que genera automáticamente preguntas de opción múltiple, resúmenes o materiales de estudio basados en el contenido que los estudiantes están aprendiendo.

Aprendizaje Adaptativo: Sistemas que ajustan el contenido y la dificultad de los ejercicios según el progreso y las habilidades individuales de cada estudiante, asegurando que todos aprendan a su propio ritmo.

Gamificación: Integración de elementos de juego en el aprendizaje mediante IA, que puede personalizar desafíos y recompensas para mantener a los estudiantes motivados.

Reconocimiento de Voz: Herramientas que permiten a los estudiantes interactuar con el contenido educativo a través de comandos de voz, facilitando el aprendizaje para aquellos con dificultades de escritura.

Simulaciones Interactivas: Aplicaciones que utilizan IA para crear entornos de aprendizaje inmersivos donde los estudiantes pueden practicar habilidades en situaciones del mundo real.

Asistentes de Redacción: Programas de IA que ayudan a los estudiantes a mejorar sus habilidades de escritura, sugiriendo correcciones, sinónimos y estructuras de frases.

Estos ejemplos demuestran cómo la IA puede enriquecer la experiencia educativa y facilitar el aprendizaje personalizado para los estudiantes en el nivel intermedio.

EJEMPLOS PRÁCTICOS DE LA INTEGRACIÓN DE LA INTELIGENCIA ARTIFICIAL (IA) EN LA EDUCACIÓN SUPERIOR

Personalización del aprendizaje: Plataformas educativas utilizan algoritmos de IA para adaptar el contenido y las actividades a las necesidades individuales de los estudiantes. Esto permite un aprendizaje más efectivo y centrado en el alumno.

Tutorización virtual: Sistemas de tutoría basados en IA pueden ofrecer asistencia personalizada a estudiantes, respondiendo preguntas y proporcionando recursos adicionales según el progreso y el rendimiento del alumno.

Análisis predictivo: Herramientas de IA analizan datos de rendimiento estudiantil para predecir quiénes podrían necesitar apoyo adicional. Esto permite a las instituciones intervenir a tiempo y mejorar las tasas de retención.

Evaluación automatizada: La IA puede calificar exámenes y tareas, proporcionando retroalimentación instantánea a los estudiantes. Esto reduce la carga de trabajo de los docentes y acelera el proceso de evaluación.

Creación de contenido: Herramientas de IA pueden ayudar a los educadores a generar materiales didácticos, como cuestionarios o resúmenes, basándose en los temas que se están enseñando en clase.

Chatbots: Implementación de chatbots en plataformas de aprendizaje para responder preguntas frecuentes de estudiantes, facilitando el acceso a información y soporte 24/7.

Simulaciones y entornos virtuales: La IA se utiliza en la creación de simulaciones interactivas que permiten a los estudiantes practicar habilidades en un entorno seguro y controlado, particularmente en disciplinas como la medicina o la ingeniería.

Mejora del acceso a la educación: La IA puede ayudar a traducir materiales de enseñanza y proporcionar subtitulado en tiempo real, haciendo la educación más accesible para estudiantes de diferentes orígenes lingüísticos o con discapacidades.

Estos ejemplos muestran cómo la IA puede transformar la educación superior, mejorando la experiencia de aprendizaje tanto para estudiantes como para docentes.

CONSIDERACIONES SOBRE LA CAPACITACIÓN DOCENTE Y LA INFRAESTRUCTURA NECESARIA

En un mundo donde la tecnología avanza a un ritmo vertiginoso, la educación enfrenta el reto de adaptarse y evolucionar. La inteligencia artificial (IA), las plataformas de aprendizaje en línea y otras herramientas digitales han comenzado a transformar el salón de clases convencional, pero su efectividad depende en gran medida de dos factores críticos: la capacitación docente y la infraestructura necesaria. Para entender la magnitud de estos elementos, es esencial sumergirse en una narrativa que explore sus implicaciones en el contexto educativo actual.

La Capacitación Docente: Un Pilar Fundamental

Imaginemos un salón de clases moderna, equipada con pantallas interactivas y dispositivos de última generación. Sin embargo, al observar más de cerca, se hace evidente que el verdadero potencial de esta tecnología no se puede alcanzar si los docentes no están preparados para utilizarla. La capacitación docente se convierte, entonces, en un pilar fundamental para la integración efectiva de la tecnología en la enseñanza.

La formación continua de los educadores debe ser una prioridad. No basta con ofrecer un taller ocasional sobre el uso de herramientas digitales; es necesario establecer programas de capacitación que sean sostenibles y que se adapten a las necesidades cambiantes del entorno educativo. Esto implica no solo enseñar a los docentes cómo utilizar la tecnología, sino también cómo integrarla de manera pedagógica en su práctica diaria. La capacitación debe fomentar un enfoque crítico y reflexivo, donde los educadores se conviertan en facilitadores del aprendizaje, capaces de guiar a sus estudiantes en el uso responsable y efectivo de la tecnología.

Además, es crucial que los programas de formación incluyan la comprensión de las herramientas de IA y su impacto en la educación. La IA ofrece oportunidades para personalizar el aprendizaje, pero los docentes deben estar equipados con el conocimiento necesario para utilizarla de manera ética y responsable. ¿Cómo pueden los educadores asegurarse de que las recomendaciones de un sistema de IA no perpetúen sesgos? ¿Cómo pueden interpretar los datos generados por estas herramientas para apoyar a cada estudiante? Estas son algunas de las preguntas que deben abordarse en la capacitación docente.

La Infraestructura Necesaria: Un Entorno de Aprendizaje Efectivo

Al lado de la capacitación docente, la infraestructura educativa es igualmente crucial. Imaginemos un escenario donde los maestros están bien capacitados, pero los recursos tecnológicos son escasos o inaccesibles. Sin una infraestructura adecuada, el esfuerzo por integrar la tecnología en la educación puede verse frustrado.

La infraestructura no se limita únicamente a la disponibilidad de dispositivos tecnológicos; también incluye el acceso a internet de alta calidad, espacios de aprendizaje adaptables y un soporte técnico fiable. En muchas regiones, especialmente en áreas rurales o de bajos ingresos, la falta de conectividad a internet puede ser un obstáculo insuperable. Sin acceso a la red, las herramientas de aprendizaje en línea y las plataformas impulsadas por IA se convierten en promesas vacías, dejando a los estudiantes y educadores en la sombra de la innovación.

Un entorno de aprendizaje físico debe ser flexible y adaptarse a diversas metodologías de enseñanza. Salón de clases diseñadas para fomentar la colaboración y el trabajo en equipo, así como espacios que permitan la concentración y el aprendizaje individual, son esenciales. La infraestructura debe responder a las necesidades de los estudiantes y permitir que la tecnología complemente y mejore la experiencia educativa.

La Sinergia entre Capacitación e Infraestructura

La combinación de una capacitación docente efectiva y una infraestructura sólida crea una sinergia poderosa. Cuando los educadores están bien preparados y tienen acceso a recursos adecuados, pueden innovar en sus prácticas pedagógicas y utilizar la tecnología de manera creativa. Esto no solo enriquece el aprendizaje de los estudiantes, sino que también contribuye a un entorno educativo más dinámico y comprometido.

Por ejemplo, consideremos un programa de aprendizaje basado en proyectos que utiliza herramientas de IA para personalizar la experiencia de cada estudiante. Los docentes, capacitados para interpretar y aplicar los datos generados por la IA, pueden diseñar actividades que se alineen con los intereses y habilidades de sus alumnos. Al mismo tiempo, si la infraestructura permite el acceso a recursos colaborativos en línea, los estudiantes pueden trabajar juntos en proyectos, independientemente de su ubicación geográfica.

Desafíos y Oportunidades

Sin embargo, la implementación de estas consideraciones no está exenta de desafíos. La resistencia al cambio, la falta de financiamiento y la brecha digital son barreras que deben ser superadas. Las instituciones educativas, los gobiernos y las comunidades deben colaborar para crear políticas que apoyen la capacitación docente y la mejora de la infraestructura.

Además, es fundamental involucrar a los docentes en el proceso de toma de decisiones sobre la tecnología y la infraestructura. Ellos son quienes están en el salón de clases y, por lo tanto, tienen una perspectiva única sobre lo que realmente se necesita para facilitar el aprendizaje. Al empoderar a los educadores, se pueden diseñar soluciones más efectivas y sostenibles.

Mirando Hacia el Futuro

A medida que nos adentramos en el futuro de la educación, es evidente que la capacitación docente y la infraestructura necesaria son más que simples componentes del sistema educativo; son elementos interdependientes que pueden transformar la experiencia de aprendizaje de los estudiantes. La visión de un salón de clases del mañana no puede hacerse realidad sin un enfoque concertado para abordar ambos aspectos.

Innovación y Adaptación Continua

En este contexto, la innovación debe ser un proceso continuo. Las tecnologías están en constante evolución, y lo que hoy es considerado de vanguardia puede volverse obsoleto en poco tiempo. Por lo tanto, la capacitación docente no debe ser un evento único, sino un viaje de aprendizaje constante. Las instituciones educativas deben comprometerse a ofrecer formación regular y actualizaciones sobre las últimas herramientas y metodologías, asegurando que los educadores se mantengan al día con los avances en tecnología educativa.

La colaboración entre educadores también puede ser un motor de innovación. Crear comunidades de práctica donde los docentes compartan experiencias, recursos y estrategias puede enriquecer el aprendizaje profesional. Estas comunidades pueden servir como plataformas para experimentar con nuevas tecnologías y reflexionar sobre su impacto en el salón de clases, fomentando así una cultura de aprendizaje colaborativo.

Inversiones Estratégicas en Infraestructura

Para que la capacitación docente sea efectiva, es fundamental que las instituciones realicen inversiones estratégicas en infraestructura. Esto implica no solo la adquisición de dispositivos y recursos tecnológicos, sino también la creación de entornos de aprendizaje que fomenten la creatividad y la colaboración. La infraestructura debe ser diseñada teniendo en cuenta las necesidades de todos los estudiantes, asegurando que cada uno de ellos tenga acceso a las herramientas necesarias para triunfar.

Además, es crucial que se establezcan alianzas con empresas de tecnología y organizaciones sin fines de lucro. Estas colaboraciones pueden proporcionar recursos adicionales y acceso a tecnologías emergentes que de otro modo estarían fuera del alcance de muchas instituciones educativas. Al trabajar juntos, los educadores, los responsables de políticas y el sector privado pueden crear un ecosistema educativo más robusto y accesible.

Un Enfoque Inclusivo y Sostenible

La inclusión debe estar en el centro de cualquier estrategia relacionada con la capacitación docente y la infraestructura educativa. La tecnología tiene el potencial de nivelar el campo de juego, pero solo si se implementa de manera equitativa. Los programas de capacitación deben ser accesibles para todos los educadores, independientemente de su contexto o ubicación. Esto incluye ofrecer formación en línea, recursos en múltiples idiomas y apoyo específico para aquellos que enfrentan barreras adicionales.

Asimismo, las iniciativas de infraestructura deben considerar las necesidades de las comunidades a las que sirven. Las decisiones sobre qué tecnología implementar y cómo se debe utilizar deben ser informadas por las voces de los educadores y los estudiantes, asegurando que las soluciones sean relevantes y efectivas.

La intersección entre la capacitación docente y la infraestructura educativa representa una oportunidad única para transformar la educación. A medida que avanzamos hacia un futuro donde la tecnología desempeñará un papel cada vez más importante en el aprendizaje, es vital que no perdamos de vista la esencia de lo que significa educar: formar individuos críticos, creativos y comprometidos.

La capacitación adecuada de los docentes, combinada con una infraestructura accesible y efectiva, tiene el potencial de crear un entorno donde todos los estudiantes puedan prosperar. En esta narrativa de transformación, cada educador se convierte no solo en un transmisor de conocimiento, sino en un guía que ayuda a los estudiantes a navegar un mundo complejo y en constante cambio.

Al mirar hacia adelante, debemos comprometernos a construir un sistema educativo que sea inclusivo, equitativo y adaptado a las necesidades del siglo XXI. Solo así podremos garantizar que la promesa de la tecnología en la educación se convierta en una realidad tangible, beneficiando a todos los estudiantes, sin excepción. La capacitación y la infraestructura son las dos caras de una misma moneda, y su integración efectiva es la clave para desbloquear el verdadero potencial de la educación en la era digital.

VISIÓN DEL FUTURO: LA EDUCACIÓN CON IA EN LA PRÓXIMA DÉCADA

En un rincón del mundo, un salón de clases vibrante se llena de risas y aprendizaje. Sin embargo, esta no es una clase convencional; es un espacio donde la inteligencia artificial (IA) se ha convertido en un compañero integral del proceso educativo. La próxima década promete transformar radicalmente la forma en que concebimos la educación, con la IA como un catalizador de innovación y personalización.

Un Cambio Paradigmático en la Educación

A medida que avanzamos hacia el 2030, la educación se presenta ante nosotros como un ecosistema dinámico y adaptable. El salón de clases, ya no limitadas por las paredes físicas de una institución, se expanden hacia entornos virtuales que permiten a los estudiantes interactuar con sus compañeros y maestros de todo el mundo. En este nuevo contexto, la IA juega un papel crucial al brindar herramientas que facilitan el aprendizaje personalizado.

Imaginemos a Emma, una estudiante de secundaria con intereses variados, que va desde la biología hasta la música. Gracias a sistemas de IA avanzados, Emma puede acceder a un currículo diseñado específicamente para ella, que combina sus pasiones con su ritmo de aprendizaje. La IA analiza su progreso en tiempo real, ajustando las lecciones y los materiales según sus necesidades individuales. Si Emma se siente frustrada con un concepto de biología, la IA no solo le ofrece recursos adicionales; también puede sugerir actividades interactivas que abordan el tema desde diferentes ángulos, manteniendo su interés.

La Enseñanza como Colaboración

En este futuro educativo, los docentes no desaparecen; en cambio, su papel evoluciona. Más que meros transmisores de conocimiento, los maestros se convierten en guías y facilitadores del aprendizaje. Con la ayuda de la IA, pueden concentrarse en lo que realmente importa: la interacción humana, la empatía y la mentoría. Los educadores utilizan herramientas de IA para analizar el rendimiento colectivo de sus estudiantes, identificar áreas de mejora y adaptar sus métodos de enseñanza en consecuencia.

En este entorno, los maestros también son estudiantes. Participan en programas de desarrollo profesional impulsados por IA que les permiten mantenerse al día con las últimas tendencias educativas y tecnológicas. Estos programas utilizan análisis de datos para personalizar la formación de cada docente, permitiéndoles crecer y adaptarse a las necesidades cambiantes de sus alumnos.

Aprendizaje Basado en Proyectos y Experiencias

El aprendizaje tradicional, centrado en la memorización y los exámenes estandarizados, se convierte en un enfoque del pasado. En su lugar, se establece un modelo de aprendizaje basado en proyectos, donde los estudiantes aplican sus conocimientos en situaciones del mundo real. La IA facilita esta transición al conectar a los alumnos con expertos en diversas disciplinas, creando oportunidades para que colaboren en proyectos significativos.

Imaginemos que un grupo de estudiantes decide abordar el problema del cambio climático. A través de plataformas impulsadas por IA, pueden acceder a datos en tiempo real sobre emisiones de carbono, conectarse con científicos y recibir asesoramiento sobre cómo llevar a cabo su investigación. Esta experiencia no solo enriquece su aprendizaje, sino que también les enseña habilidades esenciales para la vida, como la colaboración, la comunicación y la resolución de problemas.

Inclusividad y Accesibilidad

Uno de los aspectos más esperanzadores de la educación con IA es su potencial para promover la inclusividad. Las herramientas de IA son capaces de adaptarse a las diversas necesidades de los estudiantes, desde aquellos con discapacidades de aprendizaje hasta los que provienen de entornos desfavorecidos. Por ejemplo, programas de lectura asistida pueden ayudar a los estudiantes con dislexia a seguir el ritmo de sus compañeros, mientras que plataformas de traducción en tiempo real permiten que los estudiantes de diferentes orígenes lingüísticos participen plenamente en el salón de clases.

Las barreras geográficas también se desvanecen. Con el acceso a recursos educativos de calidad a través de la IA, incluso los estudiantes en áreas remotas o desfavorecidas pueden beneficiarse de una educación que antes era inaccesible. El salón de clases virtuales permite a los estudiantes participar en cursos impartidos por expertos de todo el mundo, enriqueciendo su experiencia educativa.

Preparación para el Futuro Laboral

La educación del futuro no se limita a la adquisición de conocimientos; también se centra en preparar a los estudiantes para un mundo laboral en constante cambio.

La IA desempeña un papel fundamental en este proceso al ofrecer simulaciones y experiencias prácticas que reflejan los desafíos del entorno laboral moderno.

Los estudiantes pueden participar en simulaciones de negocios donde toman decisiones en tiempo real, aprendiendo sobre gestión, innovación y trabajo en equipo. Las plataformas de IA también pueden ayudar a los estudiantes a identificar sus fortalezas y debilidades, guiándolos hacia carreras que se alineen con sus habilidades e intereses.

Reflexiones Finales

La visión del futuro de la educación con IA en la próxima década es una de colaboración, personalización y accesibilidad. A medida que nos adentramos en este nuevo panorama, es esencial reconocer que la tecnología, aunque poderosa, debe ser utilizada con responsabilidad y ética. La implementación de la IA en la educación no solo debe enfocarse en la eficacia y la eficiencia, sino también en el desarrollo integral de los estudiantes como ciudadanos responsables y críticos.

Ética y Responsabilidad en la Era de la IA

Con la creciente integración de la IA en el ámbito educativo, surgen importantes consideraciones éticas. Es fundamental que tanto educadores como desarrolladores de tecnología se comprometan a garantizar que las herramientas de IA se utilicen de manera justa y equitativa. La recopilación de datos sobre estudiantes debe manejarse con cuidado, protegiendo la privacidad y la seguridad de la información personal. Además, es crucial que la IA no perpetúe sesgos existentes, sino que promueva un aprendizaje inclusivo.

Los educadores, junto con expertos en ética, deben establecer directrices claras que regulen el uso de la IA en el salón de clases. Esto incluirá la capacitación de docentes sobre cómo utilizar la tecnología de manera responsable y cómo abordar inquietudes sobre privacidad y sesgos en los algoritmos. La educación no solo debe enfocarse en el contenido académico, sino también en la formación de estudiantes que comprendan y respalden prácticas éticas en la utilización de la tecnología.

La Comunidad Educativa como Aliada

En esta nueva era educativa, la colaboración entre todos los actores de la comunidad educativa será más importante que nunca. Padres, maestros, administradores y estudiantes deben trabajar juntos para aprovechar al máximo las herramientas de IA. Las plataformas de comunicación impulsadas por IA pueden facilitar esta colaboración, permitiendo un flujo constante de información y retroalimentación.

Los padres, por su parte, jugarán un papel activo en la educación de sus hijos, utilizando herramientas de IA que les permitan seguir el progreso académico y participar en el proceso de aprendizaje. La transparencia en el uso de la IA y la comunicación abierta sobre cómo se utilizan los datos ayudarán a construir confianza entre la comunidad educativa.

Un Futuro Adaptable y Resiliente

La educación con IA también debe preparar a los estudiantes para un mundo en constante cambio. La adaptabilidad y la resiliencia se convertirán en habilidades esenciales, y la IA puede facilitar el desarrollo de estas competencias. A través de entornos de aprendizaje que simulan situaciones de la vida real, los estudiantes aprenderán a enfrentar desafíos y a encontrar soluciones creativas.

La capacidad de aprender de manera continua y de adaptarse a nuevas circunstancias será un requisito fundamental en el futuro laboral. Los sistemas de IA podrán ofrecer rutas de aprendizaje flexibles, permitiendo a los estudiantes explorar nuevas áreas de interés y adquirir habilidades relevantes a lo largo de su vida.

En resumen, la educación con IA en la próxima década promete ser un viaje transformador hacia un futuro más inclusivo, personalizado y colaborativo. Los avances tecnológicos permitirán que cada estudiante reciba una educación adaptada a sus necesidades y aspiraciones, mientras que los educadores podrán enfocarse en el desarrollo integral de sus alumnos.

Sin embargo, este futuro no se logrará sin un compromiso colectivo para abordar los desafíos éticos y prácticos que surgen con la implementación de la IA en la educación. Con una comunidad unida y un enfoque en el aprendizaje responsable, podemos construir un sistema educativo que no solo prepare a los estudiantes para el éxito académico, sino que también los equipará con las habilidades y valores necesarios para prosperar en un mundo en constante evolución.

Así, en el horizonte del 2030, la educación emerge como un faro de esperanza, iluminada por la inteligencia artificial, que transforma vidas y comunidades, empoderando a las generaciones futuras para enfrentar los retos del mañana con confianza y creatividad.

UN LLAMADO A LA INNOVACIÓN PARA LOS EDUCADORES

Estimados educadores,

En un mundo en constante evolución, la tecnología se ha convertido en un aliado imprescindible en el ámbito educativo. Entre las innovaciones más prometedoras se encuentra la inteligencia artificial (IA), una herramienta que no solo transforma la forma en que enseñamos, sino que también redefine el aprendizaje de nuestros estudiantes. Es un momento emocionante para la educación, y como maestros, tienen la oportunidad de ser pioneros en la integración de la IA en sus salones de clases.

La Revolución de la Inteligencia Artificial

La inteligencia artificial está presente en muchos aspectos de nuestra vida diaria, desde los asistentes virtuales en nuestros teléfonos hasta las recomendaciones personalizadas en plataformas de streaming. En la educación, la IA tiene el potencial de ofrecer experiencias de aprendizaje más personalizadas, eficientes y accesibles. Herramientas como chatbots, sistemas de tutoría inteligente y plataformas de análisis de datos pueden ayudar a los educadores a comprender mejor las necesidades y desafíos de sus estudiantes, permitiendo intervenciones más efectivas y adaptadas.

Beneficios de la IA en el Salón de clases

Personalización del Aprendizaje: Cada estudiante es único y aprende a su propio ritmo. La inteligencia artificial puede analizar el progreso de los alumnos y ofrecer recursos y actividades personalizadas, ayudando a cada uno a alcanzar su máximo potencial. Esto no solo mejora la comprensión del contenido, sino que también aumenta la motivación y la autoconfianza.

Ahorro de Tiempo: La IA puede automatizar tareas administrativas y repetitivas, como la corrección de exámenes o la gestión de calificaciones, permitiendo a los maestros dedicar más tiempo a lo que realmente importa: enseñar e interactuar con los estudiantes. Este tiempo adicional puede ser utilizado para desarrollar actividades más creativas y enriquecedoras en el salón de clases.

Acceso a Recursos Globales: La inteligencia artificial puede facilitar el acceso a una vasta gama de recursos educativos en línea, desde cursos hasta materiales didácticos. Esto puede enriquecer el currículo y proporcionar a los estudiantes oportunidades de aprendizaje que de otro modo no estarían disponibles.

Desarrollo de Habilidades del Siglo XXI: Al integrar la IA en el salón de clases, los educadores no solo enseñan contenido académico, sino que también preparan a los estudiantes para un futuro en el que la tecnología jugará un papel fundamental. Las habilidades como el pensamiento crítico, la resolución de problemas y la adaptación a nuevas herramientas son esenciales en el mundo laboral actual.

Un Llamado a la Formación Continua

Como educadores, es fundamental que no solo integremos la inteligencia artificial en nuestras prácticas, sino que también nos comprometamos a aprender sobre ella. La tecnología avanza rápidamente, y mantenerse actualizado es clave para aprovechar al máximo sus beneficios. Hay numerosos cursos, seminarios y recursos en línea dedicados a la inteligencia artificial en la educación, y es crucial que nos involucremos en esta formación continua.

Superando las Barreras y Miedos

Entendemos que la adopción de nuevas tecnologías puede generar inquietud. Es natural sentirse abrumado ante la idea de implementar la inteligencia artificial en el salón de clases. Sin embargo, es importante recordar que la IA es una herramienta que complementa nuestra enseñanza, no un reemplazo. Los educadores siguen siendo esenciales en el proceso de aprendizaje, guiando y apoyando a los estudiantes mientras se benefician de la tecnología.

Creando una Comunidad de Aprendizaje

Invito a cada uno de ustedes a no solo adoptar la inteligencia artificial en su enseñanza, sino también a compartir sus experiencias y aprendizajes con colegas. Crear una comunidad de aprendizaje en torno a la IA puede fomentar la colaboración y la innovación en nuestro salón de clases. Juntos, podemos explorar nuevas estrategias, intercambiar ideas y encontrar formas creativas de integrar la IA en nuestras prácticas educativas.

La inteligencia artificial ofrece una oportunidad sin precedentes para enriquecer la educación y preparar a nuestros estudiantes para un futuro en constante cambio. Al adoptar esta tecnología, no solo mejoramos nuestra propia práctica docente, sino que también empoderamos a nuestros alumnos para convertirse en aprendices autónomos y competentes. Los animo a dar este paso hacia el futuro, a explorar las posibilidades que la IA trae consigo y a comprometerse con su propio aprendizaje en este ámbito. Juntos, podemos transformar la educación y crear un entorno de aprendizaje más dinámico, inclusivo y eficaz.

¡El futuro de la educación está en nuestras manos, y la inteligencia artificial es una de las claves para desbloquear su potencial!

ABREVIATURAS GENERALES

IA - Inteligencia Artificial (Artificial Intelligence)

ML - Aprendizaje Automático (Machine Learning)

DL - Aprendizaje Profundo (Deep Learning)

AIoT - Inteligencia Artificial de las Cosas (Artificial Intelligence of Things)

NLP - Procesamiento del Lenguaje Natural (Natural Language Processing)

CV - Visión por Computadora (Computer Vision)

RL - Aprendizaje por Refuerzo (Reinforcement Learning)

ANN - Redes Neuronales Artificiales (Artificial Neural Networks)

RNN - Redes Neuronales Recurrentes (Recurrent Neural Networks)

CNN - Redes Neuronales Convolucionales (Convolutional Neural Networks)

GAN - Redes Generativas Antagónicas (Generative Adversarial Networks)

SVM - Máquinas de Soporte Vectorial (Support Vector Machines)

API - Interfaz de Programación de Aplicaciones (Application Programming Interface)

GPT - Transformador Generativo Preentrenado (Generative Pre-trained Transformer)

BERT - Representaciones Codificadas Bidireccionales de Transformers (Bidirectional Encoder Representations from Transformers)

ABREVIATURAS DE TÉCNICAS Y MODELOS

LSTM - Memoria a Largo Corto Plazo (Long Short-Term Memory)

DBN - Redes Neuronales Profundas Creíbles (Deep Belief Networks)

Q-Learning - Algoritmo de Aprendizaje por Refuerzo con Valores Q

PPO - Proximal Policy Optimization (Optimización Proximal de Políticas)

DQN - Red Neuronal Q Profunda (Deep Q-Network)

EDA - Análisis Exploratorio de Datos (Exploratory Data Analysis)

KNN - Vecinos más Cercanos (K-Nearest Neighbors)

XGBoost - eXtreme Gradient Boosting

HMM - Modelos Ocultos de Markov (Hidden Markov Models)

SGD - Descenso de Gradiente Estocástico (Stochastic Gradient Descent)

ABREVIATURAS RELACIONADAS CON EVALUACIÓN Y MÉTRICAS

ROC - Curva Característica Operativa del Receptor (Receiver Operating Characteristic)

AUC - Área Bajo la Curva (Area Under the Curve)

RMSE - Raíz del Error Cuadrático Medio (Root Mean Square Error)

MAE - Error Absoluto Medio (Mean Absolute Error)

MAP - Precisión Media Promedio (Mean Average Precision)

TPR - Tasa de Verdaderos Positivos (True Positive Rate)

FNR - Tasa de Falsos Negativos (False Negative Rate)

MSE - Error Cuadrático Medio (Mean Squared Error)

ABREVIATURAS DE ALGORITMOS Y TÉCNICAS DE OPTIMIZACIÓN

ADAM - Método de Optimización Adaptativa del Momento (Adaptive Moment Estimation)

RMSProp - Root Mean Square Propagation (Propagación de la Media Cuadrática)

SGD - Descenso de Gradiente Estocástico (Stochastic Gradient Descent)

L-BFGS - Limited-memory Broyden–Fletcher–Goldfarb–Shanno

Estas son solo algunas de las muchas abreviaturas usadas en el campo de la IA. Este sector está en constante evolución, por lo que es posible encontrar nuevas siglas a medida que emergen nuevas técnicas y herramientas.

GLOSARIO CON LOS TÉRMINOS MÁS RELEVANTES EN EL CAMPO DE LA INTELIGENCIA ARTIFICIAL (IA),

junto con una breve explicación para cada uno de ellos

A

Agente Inteligente: Entidad que percibe su entorno y toma decisiones autónomas para alcanzar objetivos específicos, utilizando IA.

Aprendizaje Automático (ML): Subcampo de la IA que se enfoca en el desarrollo de algoritmos que permiten a las máquinas aprender y mejorar a partir de datos, sin ser explícitamente programadas.

Aprendizaje Supervisado: Tipo de aprendizaje automático donde un modelo es entrenado con datos etiquetados (entradas y salidas correctas), con el fin de predecir resultados para nuevos datos.

Aprendizaje No Supervisado: Método de aprendizaje automático donde el modelo intenta identificar patrones en datos no etiquetados.

Aprendizaje por Refuerzo (RL): Técnica de IA donde un agente aprende a tomar decisiones mediante la interacción con su entorno y la recepción de recompensas o castigos.

Aprendizaje Profundo (DL): Rama del aprendizaje automático que utiliza redes neuronales artificiales profundas para modelar patrones complejos en grandes volúmenes de datos.

AutoML: Técnicas automatizadas para el desarrollo de modelos de aprendizaje automático, desde la selección de características hasta el ajuste de hiperparámetros.

B

Backpropagation: Algoritmo utilizado en redes neuronales para ajustar los pesos mediante el cálculo del error en la salida y su propagación hacia atrás a través de la red.

Bias (Sesgo): Error sistemático en los modelos de IA que puede ocurrir cuando los datos o algoritmos están sesgados, lo que resulta en decisiones o predicciones inexactas.

Big Data: Conjunto de datos que es tan grande, complejo o de rápido crecimiento que las herramientas tradicionales de procesamiento no pueden manejarlo.

C

Clasificación: Proceso en el que un modelo de aprendizaje automático asigna etiquetas a instancias o datos basándose en su entrada.

Clustering (Agrupamiento): Técnica de aprendizaje no supervisado utilizada para agrupar datos similares, sin la necesidad de etiquetas predefinidas.

Conjunto de Datos: Colección de datos utilizados para entrenar, validar y probar un modelo de IA.

Convolución: Técnica utilizada principalmente en redes neuronales convolucionales (CNN) para procesar datos en estructuras espaciales o temporales, como imágenes o videos.

Curva ROC: Gráfico que muestra el rendimiento de un modelo de clasificación binaria, visualizando la tasa de verdaderos positivos frente a la tasa de falsos positivos.

D

Descenso de Gradiente: Algoritmo de optimización utilizado para minimizar la función de pérdida ajustando los pesos del modelo en la dirección del gradiente negativo.

Deep Learning (Aprendizaje Profundo): Ver Aprendizaje Profundo (DL).

Dimensionalidad: Número de características o variables en un conjunto de datos. La reducción de dimensionalidad es el proceso de simplificar los datos para eliminar variables irrelevantes o redundantes.

E

Entrenamiento: Proceso de ajuste de un modelo de IA utilizando datos para aprender patrones y mejorar su capacidad predictiva.

Evaluación: Método para medir el rendimiento de un modelo de IA, generalmente mediante el uso de métricas como precisión, exactitud, F1-score, etc.

Exploratory Data Analysis (EDA): Proceso de análisis inicial de datos que permite descubrir patrones, detectar anomalías, probar hipótesis y revisar supuestos.

F

Feature (Característica): Atributo o variable en el conjunto de datos utilizado para entrenar modelos de IA.

Feature Engineering: Proceso de crear, seleccionar o transformar características para mejorar el rendimiento de un modelo de aprendizaje automático.

Fine-Tuning: Ajuste fino de un modelo previamente entrenado, generalmente utilizando un conjunto de datos más específico o diferente al utilizado originalmente.

G

GAN (Generative Adversarial Networks): Redes neuronales que constan de dos modelos (generador y discriminador) que compiten entre sí, con el objetivo de generar datos realistas como imágenes o sonidos.

Gradiente: Vector que indica la dirección y magnitud del cambio necesario para minimizar una función de pérdida en un modelo de IA.

H

Hiperparámetro: Parámetro cuyo valor se establece antes del proceso de entrenamiento de un modelo. Los hiperparámetros controlan el comportamiento del algoritmo, como la tasa de aprendizaje o el número de capas en una red neuronal.

Heurística: Método o regla práctica utilizada para resolver problemas o tomar decisiones de manera eficiente, aunque no siempre garantiza una solución óptima.

I

Inferencia: Proceso mediante el cual un modelo entrenado realiza predicciones o clasificaciones sobre datos nuevos.

Inteligencia Artificial (IA): Campo de la informática que busca desarrollar sistemas capaces de realizar tareas que normalmente requieren inteligencia humana, como el reconocimiento de patrones, la toma de decisiones o el procesamiento del lenguaje natural.

Imbalanced Data (Datos Desbalanceados): Situación en la que una clase o categoría está significativamente subrepresentada en comparación con otras en el conjunto de datos.

J

Jupyter Notebook: Entorno interactivo ampliamente utilizado para el desarrollo de proyectos de aprendizaje automático y análisis de datos. Permite ejecutar código, visualizar resultados y documentar el proceso en un formato integrado.

L

Learning Rate (Tasa de Aprendizaje): Parámetro que controla el tamaño de los pasos que da el algoritmo de optimización durante el entrenamiento para actualizar los pesos del modelo.

LSTM (Long Short-Term Memory): Tipo de red neuronal recurrente (RNN) diseñada para aprender dependencias a largo plazo en secuencias de datos.

M

Matriz de Confusión: Tabla que permite visualizar el rendimiento de un modelo de clasificación, mostrando la relación entre las predicciones correctas e incorrectas para cada clase.

Modelo Predictivo: Modelo de IA que se utiliza para predecir resultados futuros basándose en datos de entrada conocidos.

Machine Learning (Aprendizaje Automático): Ver Aprendizaje Automático (ML).

Memoria a Largo Corto Plazo (LSTM): Ver LSTM.

N

NLP (Natural Language Processing): Rama de la IA que se centra en la interacción entre las computadoras y el lenguaje humano, permitiendo tareas como el análisis de texto, la traducción automática y el reconocimiento del habla.

Neurona Artificial: Unidad básica en una red neuronal que simula el comportamiento de las neuronas en el cerebro humano, procesando información y pasando resultados a otras neuronas.

O

Overfitting: Ocurre cuando un modelo de aprendizaje automático se ajusta demasiado bien a los datos de entrenamiento, perdiendo su capacidad de generalizar con nuevos datos.

Optimización: Proceso de ajustar un modelo para minimizar una función de pérdida o maximizar una función objetivo.

P

Procesamiento del Lenguaje Natural (NLP): Ver NLP.

Pérdida: Medida de cuán bien o mal un modelo predice los resultados esperados. El objetivo del entrenamiento es minimizar la pérdida.

Precision (Precisión): Medida de cuántas de las predicciones positivas de un modelo son realmente correctas, definida como el número de verdaderos positivos dividido entre el número total de predicciones positivas.

R

Redes Neuronales Artificiales (ANN): Modelos computacionales inspirados en la estructura del cerebro, utilizados para el reconocimiento de patrones complejos en datos.

Redes Neuronales Convolucionales (CNN): Tipo de red neuronal diseñada específicamente para procesar y analizar datos con estructura de grilla, como imágenes.

Redes Neuronales Recurrentes (RNN): Redes neuronales que tienen conexiones que permiten la retroalimentación, lo que las hace adecuadas para el procesamiento de secuencias y series temporales.

Regularización: Técnica utilizada para evitar el overfitting añadiendo una penalización al modelo por ser demasiado complejo.

S

Sobreajuste (Overfitting): Ver Overfitting.

Supervised Learning (Aprendizaje Supervisado): Ver Aprendizaje Supervisado.

Support Vector Machines (SVM): Algoritmo de clasificación que encuentra el hiperplano que mejor separa diferentes clases de datos.

T

TensorFlow: Biblioteca de código abierto ampliamente utilizada en computación y aprendizaje profundo, generalización de matrices para representar datos de más de dos dimensiones.

Transfer Learning (Aprendizaje por Transferencia): Técnica en la que un modelo entrenado en una tarea se reutiliza para otra tarea relacionada, lo que acelera el entrenamiento y mejora los resultados.

V

Visión por Computadora: Subcampo de la IA que se centra en cómo los sistemas pueden interpretar y comprender información visual del mundo real, como imágenes y videos.

W

Weights (Pesos): Parámetros ajustables en una red neuronal que determinan la influencia de una entrada en la salida, clave para el proceso de aprendizaje del modelo.

Este glosario incluye los términos más importantes en IA y proporciona una comprensión básica de las herramientas y métodos empleados en este campo en constante evolución.

www.ingramcontent.com/pod-product-compliance
Lightning Source LLC
Chambersburg PA
CBHW062212220526
45471CB00009B/3173